国語教育選書

論理的思考力・表現力を育てる

「根拠・理由・主張の3点セット」を活用した国語授業づくり

鶴田清司　河野順子 編著

明治図書

まえがき

現在,「主体的・対話的で深い学び」の実現が重要な課題となっている。本書は,直接的にそれをテーマにはしていないが,最終的にその実現につながる国語科授業づくりを目指している。

本書では,「主体的・対話的で深い学び」を「自分の既有知識や生活経験などに基づいてテキスト(文字テキスト・談話テキスト)を解釈することによって,学びの対象となる世界を〈わがこと〉として考え,他者(教師や他の子どもたち)との対話・交流を通して認識を深め,既有知識の再構成,新たな知識の生成に向かうような知識活用・知識創造型の学びのことである」と定義し,そのために大切な働きをするのが,「根拠・理由・主張の3点セット」を活用した論理的な思考力・表現力であると捉える。こうした基本的な立場から,校種・学年・領域を超えて,さまざまな実践事例を集めて紹介するという編集方針である。

隠れたテーマとして,「理論と実践の統合」という問題の追究がある。トゥルミン・モデルを改良した「根拠・理由・主張の3点セット」は論理的思考・表現のための理論的ツールであるが,それをそのまま実践に適用するのではなく,教師たちがもっている暗黙的な実践的知識(「どこからわかるの?(根拠)」「なぜそう言えるの?(理由)」という発問で学びが深まる)と結びついたからこそ,授業づくりにおいて広く活用されるようになったと考えられる。これが「理論と実践の統合」のあり方を示すものである。特に,トゥルミン・モデル(あるいは三角ロジック)とは異なって,**「自分の既有知識・生活経験に基づいた具体的な理由づけ」**(鶴田 2020)が「主体的・対話的で深い学び」にとって非常に重要である(これについては第1章(鶴田執筆)・第2章(河野執筆)の「理論編」の中で詳しく説明する)。

本書はこうした観点から,小・中学校,特別支援学校の国語科授業において,さまざまな領域・教材のすぐれた実践事例を集めて,多くの教師にとって実践的な手引きとなるようにした。

先行文献としては，鶴田清司・河野順子編（2014）『論理的思考力・表現力を育てる言語活動のデザイン（小学校編・中学校編）』（明治図書）などを参照していただきたい。

第３章の「実践編」では，次のような項目に分けて，授業例をわかりやすく紹介している。

⑴ 学習材の内容
⑵ 単元の目標
⑶ 指導計画
⑷ 授業の実際
⑸ 授業を振り返って

特に，次の点に留意している。

①「根拠・理由・主張の３点セット」の「理由づけ」にあたって，子どもたちの既有知識や生活経験を引き出すために，どこでどのような工夫をしたかを明確にする。

②その工夫によって，どのように主体的・対話的で深い学びが実現したのか，その授業の様子（発話プロトコル，子どものノート・ワークシートなど）を詳しく紹介する。

なお，それぞれの実践には，編著者による授業ガイドも併記している。

読者各位の忌憚のないご意見・ご批判を仰ぎたい。

2023年９月

編著者代表　鶴田清司

目　次

第３章 「根拠・理由・主張の３点セット」を活用した授業づくり

第1章
「根拠・理由・主張の３点セット」とは何か・どう使うか

第１節
「根拠・理由・主張の３点セット」の必要性

1　基本的な問題意識 ―根拠と理由を区別する―

私は，このところずっと「根拠・理由・主張の３点セット」の必要性を訴えてきた。

「根拠・理由・主張の３点セット」とは，何かを主張するときに，それを支える根拠（客観的な事実・データ）をあげるだけでなく，それに加えて理由（その事実・データの解釈）も述べる言語技術（思考・表現ツール）である。

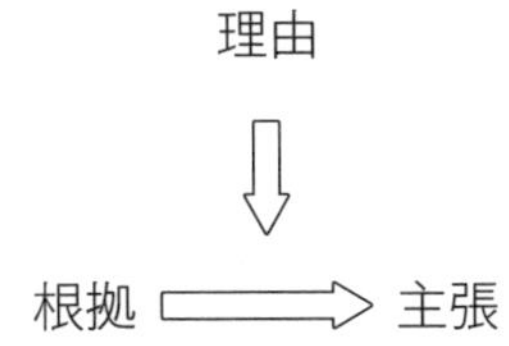

旧学習指導要領（平成20年）には，次のような項目があった。

> 相手や目的に応じて，理由や事例などを挙げながら筋道を立て，丁寧な言葉を用いるなど適切な言葉遣いで話すこと。　　（小学校３・４年）

「話すこと・聞くこと」の項目である。論理的思考力・表現力の育成という点で評価できるが，事例や事実を「根拠」として，その意味を解釈して自分なりの「理由」を述べるという形に整理するとともに，それを「書くこと」「読むこと」とリンクして指導する必要がある。さらに国語科のみならず，他教科とも関連づけて教科横断的に指導する必要がある。

つまり，日常の授業において「どこからわかるの？」（根拠を問う），「なぜそう言えるの？」（理由を問う）という思考スタイルを身につけさせていくのである。この点で，旧学習指導要領は，論理的思考・表現の学習の関連性（教科間の関係）と系統性（学年段階の関係）が不十分だった。そこで，私は，トゥルミン・モデルに由来する「根拠・理由・主張の３点セット」をその基盤理論に据えることを提案してきたのである。

残念ながら，現行の学習指導要領（平成29年）も従来とほとんど変わらなかった。ただし小学校３・４年の「書くこと」に次のような変化が見られた。

【旧版】
ウ　書こうとすることの中心を明確にし，目的や必要に応じて理由や事例を挙げて書くこと。

【現行版】
ウ　自分の考えとそれを支える理由や事例との関係を明確にして，書き表し方を工夫すること。

ここは「主張とそれを支える根拠・理由を明確にする」と読み替えることができそうであるが，『小学校学習指導要領解説 国語編』を見ると，「理由」と「事例」が関係づけられていない。また，５・６年では「ウ」が「事実と感想，意見とを区別」するという内容になっている。依然として「根拠と理由の区別」は明示されていない。「学習指導要領は，論理的思考・表現の学習の関連性（教科間の関係）と系統性（学年段階の関係）が不十分だった」という先の指摘は今回の改訂（平成29年）にもあてはまる。

2　全国学力・学習状況調査の問題例

平成29年度の全国学力調査問題の中で，正答率が43.7％と低かった小学校国語Ｂ③三の問題を取り上げてみよう。物語の一節（あまんきみこ「きつねの写真」）を読んで答える問題である。

【話し合いの様子の一部】の中の［　Ｂ　］のところで，田中さんは，

【物語の一部】の言葉や文を取り上げながら，松ぞうじいさんやとび吉がきつねであると考えたわけを話しています。あなたが田中さんならどのようなわけを話しますか。次の条件に合わせて書きましょう。

〈条件〉

○ [ ] の横山さんのように，【物語の一部】から言葉や文を取り上げて書くこと。

○取り上げた言葉や文をもとに，どうして松ぞうじいさんやとび吉がきつねだと考えるのかを書くこと。

○六十字以上，百字以内にまとめて書くこと。

次に，国立教育政策研究所のホームページで公開されている正答例を示す。

「松ぞうじいさんの目に，なみだがきらりとひかりました」というところ（根拠）は，人間にうちとられてしまった仲間のきつねを思う気持ちが表れていると思うから（理由），松ぞうじいさんはきつねだと考えたよ（主張）。

（カッコ内は鶴田）

この設問について同研究所の分析を見てみよう。

趣旨

物語を読み，具体的な叙述を基に理由を明確にして，自分の考えをまとめることができるかどうかをみる。（省略）

■学習指導要領における領域・内容

〔第５学年及び第６学年〕　C　読むこと

エ　登場人物の相互関係や心情，場面についての描写をとらえ，優れた叙述について自分の考えをまとめること。

〔第５学年及び第６学年〕　B　書くこと

ウ　事実と感想，意見などとを区別するとともに，目的や意図に応じ

て簡単に書いたり詳しく書いたりすること。(省略)
３．学習指導に当たって（省略)
(3)物語を読み，叙述を基に理由を明確にして，自分の考えをまとめる
（省略）叙述を基に理由を明確にして，自分の考えをまとめるためには，一つの場面の叙述だけを対象とするにとどまらず，複数の場面を比較したり，物語全体に広がっている複数の叙述を関係付けたりして読むことが重要である。さらに，高学年においては，場面の展開に沿って読みながら，感動やユーモア，安らぎなどを生み出す優れた叙述に着目して自分の考えをまとめることができるように指導することが大切である。また，象徴性や暗示性の高い表現や内容，メッセージや題材を強く意識させる表現や内容などに気付き，自分の表現に生かして感想などをまとめることができるように指導することも考えられる。(国立教育政策研究所『平成29年度 全国学力・学習状況調査 解説資料 小学校 国語』，下線は鶴田)

下線部からわかるように，この問題は「根拠・理由・主張の３点セット」を使って自分の考えを記述する問題である。「具体的な叙述」が私のいう「根拠」である。「叙述を基に理由を明確にして，自分の考えをまとめるため」の指導方法もあげられているが，最も基本的な事項がここには示されていない。根拠となる叙述を引用すること，自分の既有知識や生活経験と結びつけて理由づけることである。

例えば，先の正答例でいえば，涙を流すということは家族や仲間と死別したときの悲しさを表すという既有知識・生活経験が前提となっている。日頃から，根拠となる言葉・文を引用する（取り出す）とともに，その意味を既有知識・生活経験に基づいて解釈することを指導するようにすべきである。

なお，この分析結果をもとに，山梨県教育委員会義務教育課は「具体的な学習指導の例」を示している。そこには，次のような指導方法があげられている（『平成29年度全国学力・学習状況調査　結果の分析と活用』)。

○「どこからそう考えたの」「どうしてそう考えたの」という問い返しの意図を明確にして指導する。

「どこからそう考えたの」は根拠を問う発問，「どうしてそう考えたの」は理由を問う発問である。「山梨県学力向上アドバイザー」の立場から，私が学力向上対策会議や学力向上フォーラム，さらに郡市指導主事会などで繰り返し提唱してきた「根拠・理由・主張の３点セット」がこうした提言のベースにはある。

先の問題に限らず，最近の学力調査では，自分の考えを述べるときに「根拠」となる客観的な事実・データと自らその意味を推論・解釈した「理由づけ」が求められている。しかしながら，いずれも不十分な児童・生徒が多いという実態が明らかになっている。

全国学力・学習状況調査の目的は，調査結果を「教育施策の改善」や「教育指導の充実」に生かすことにある。だとすれば，学習指導要領に「根拠となる叙述をもとに理由を明確にして，自分の考えをまとめ，発表し合う」といった読みとその交流に関する事項を盛り込むべきである。そして，そうした学習指導をもっと充実させていくべきである。

3　「根拠」と「理由」の語義に基づく使い分け

学習指導要領において「根拠と理由を区別する」という表現が用いられないのは，「根拠」と「理由」が日本語では同じような意味をもつため，使い手（教師や子ども）が混乱するのではないかという危惧があるのだろう。

しかし，国語辞典を見ると，一般的に「根拠」は「よりどころ」，理由は「わけ」という説明が行われている。

○『日本国語大辞典 第二版』

根拠……もととしてよること。また，そのよりどころ。基づくところ。
理由……物事がそのようになったわけ。子細。

○『広辞苑 第六版』

根拠……ある言動のよりどころ。もと。また，議論などのよりどころ。
理由……物事の成り立っているすじみち。その結果が生じたわけ。

国語辞典による説明も，私の考え方と一致していることがわかる。国語科は基本的な語彙を学ぶ教科なのだから，こうした根拠と理由のちがいを明確化して，それを学習語彙として習得していくようにすべきである。欧米では，主張にあたって「根拠（evidence）」と「理由づけ（reasoning）」を区別することは常識である。こうした国際標準の論理的な言葉の使い手が育っていくことになる。

最近，「エビデンス」という言葉がよく使われているが，まさに私のいう「根拠」である。国語政策的にも外来語の濫用はやめて，「根拠」という言葉を使う方がよい。改めて，次期学習指導要領の改訂では「根拠と理由の区別」が盛り込まれることを切望したい。

4 「根拠・理由・主張の３点セット」とは

先にも述べたように，私が提唱する「根拠・理由・主張の３点セット」は，議論の分析モデルとして知られる「トゥルミン・モデル」に基づいている。

Ｓ・トゥルミンは，議論の強さを次の６つの基本要素から分析している（Toulmin 1958）。

- 主張（Claim）……結論
- 事実（Data）……ある主張の根拠となる事実・データ
- 理由づけ（Warrant）……なぜその根拠によって，ある主張ができるかという説明
- 裏づけ（Backing）……理由づけが正当であることの証明

・限定（Qualifiers）……理由づけの確かさの程度

・反証（Rebuttal）……「～でない限りは」という条件

これを具体的な例で見てみよう。

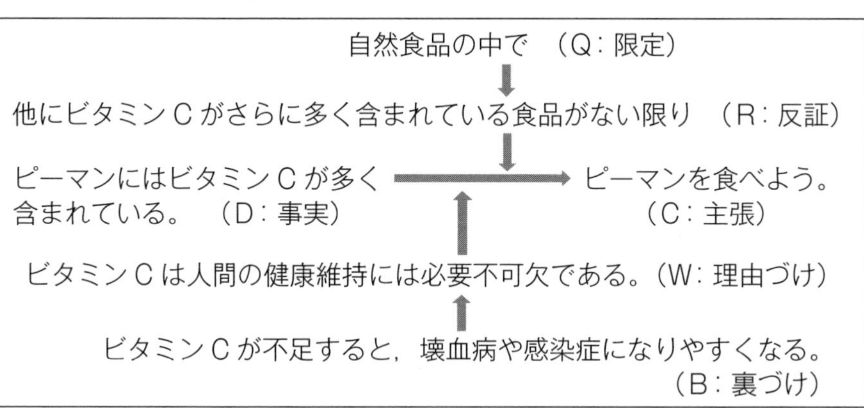

単に「ピーマンを食べよう」と主張するよりも，はるかに説得力に富んだものになっていることがわかるだろう。

事実（D）は，主張（C）を支える根拠となるもので，ここでは「ピーマンにはビタミンCが多く含まれている」という事実をあげている。

実際，次のようなデータがある。

【食品100g当たりのビタミンCの含有量（単位：mg）】

赤ピーマン	170
黄ピーマン	150
ゆず（果皮）	150
アセロラジュース	120
パセリ	120
芽きゃべつ	110
レモン（全果）	100
なすのからし漬	87
ケール	81

（http://www.eiyoukeisan.com/calorie/nut_list/vitamin_c.html）

理由づけ（W）は，「ピーマンにはビタミンＣが多く含まれている」という事実から，なぜ「ピーマンを食べよう」という主張ができるのかを説明するものである。この場合は，「ビタミンＣは人間の健康維持には必要不可欠である」という理由づけがなされている。他にも「お肌の美容に必要である」といった理由づけも可能である。

裏づけ（B）は，医学的な知見を持ち出して，理由づけをより合理的なものにしている。ちなみに「壊血病」とは毛細血管がもろくなり，皮下や歯ぐきなどから出血する病気である。

限定（Q）は，「トゥルミン・モデル」本来の意味は，「理由づけの確かさの程度」を表す限定詞（例えば「おそらく」「ほとんど」など）である。しかし，実際に使ってみると形式的なものになりやすいので，私の用法では，議論を限定して拡散を防ぐという意味で用いている。先の例では，「自然食品の中で」と限定することで「サプリメントでもビタミンＣは摂取できる」という考え方をあらかじめ除外して，論点を絞っておく役割をもっている。

反証（R）は，「レモンやキウイを食べればいい」という考え方をあらかじめ除外しておく役割をもっている。

こう見てくると，「トゥルミン・モデル」を使うと，主張が説得力を増してくることがわかるだろう。

これを単純化したものが「三角ロジック」である。これまでにもディベート指導などに活用されてきた。小・中学校の段階ではこれで十分だという意見もある（井上 2007）。

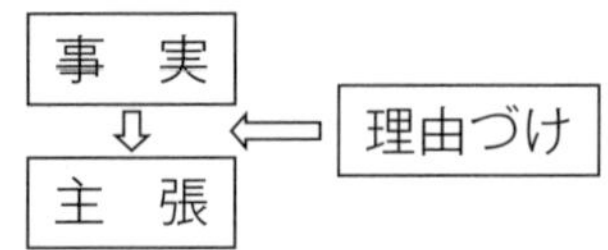

私は「三角ロジック」を土台にしつつも，独自の立場から「根拠・理由・主張の３点セット」と言い換えている。それは，英語と違って，日本語では同義的に使われている「根拠（evidence）」と「理由（reasoning）」を区別することが重要だと考えるからである。実際，中学校の国語教科書を見ると，

「根拠」と「理由」が同じような意味で使われていることがある。また，教科書によっては「根拠」の中に「事実」と「理由づけ」を含めているものがある。しかし，英語ではその違いは明瞭である。また，先に述べたように，国語辞典を見てもその違いははっきりしている。

「根拠」とは，誰が見ても明らかな証拠資料（客観的な事実・データ）のことである。狭義には，書かれたテキストのことである。文章の中の文・言葉，グラフや図表に示された数字，絵や写真に表されたものなどである。広義には，話されたテキスト（発言）も「根拠」となる。また，誰もが見聞・経験を通して知っているような事実も「根拠」となる。要は「誰が見ても明らかな」という点がポイントである。自分だけが経験した事実は，いくら事実であったとしても「根拠」とはならない。なぜなら，それは自分しか知らないことで，第三者が確かめようがないからである。

そして，その「根拠」（証拠資料）がなぜ主張を支えることになるのか，どうしてそこからその主張ができるのかを説明するのが「理由づけ」である。言い換えると，主張と事実・データをリンクさせるのが「理由づけ」の役目である。では，具体的にどうするのかというと，「根拠」となる事実・データの意味を推論・解釈することである。「この事実・データからこういうことがわかるから，こういうことが導けるから」という形になる。

およそ論証にあたっては，この区別に基づく思考が決定的に重要である。「根拠」となる客観的な事実・データは誰にとっても開かれている。アクセスや取り出しが自由にできる。それに対して「理由づけ」は，なぜその証拠資料を選んだか，それをどのように推論・解釈したかという考えの筋道を示すものであり，人によって異なる可能性がある。同じデータを用いても正反対の主張が出てくることも珍しくない。そうなると，どちらの主張が正しいのかを決めるために，どちらの論理（理由づけ）の方が妥当かを検討することが必要になる。

つまり，根拠となる事実やデータをあげるだけでは，論証したことにならないのである（だからといって客観的な根拠がないままに理由をこじつけて述べるのは論外であるが)。

ディベート大会の審判をすると，証拠資料をたくさんあげるだけで自分の主張が通ったかのような立論をするチームが見られる。例えば，「○○総研の○○氏は次のように述べています。引用開始。『サマータイム制導入による経済効果は年間○兆円』。引用終了。したがって，肯定側の主張する『日本経済の発展』というメリットが発生します」といった立論である。

これは文献を部分的に引用しただけで，自分の言葉や論理による「理由づけ」が欠落している。確かに「データそのものが語る」というケースもあるが，複雑な議論になってくると，それだけでは専門的な知識をもたない審判や聴衆は肯定側の主張が本当に妥当かどうか判断することができない。例えば，依拠する証拠資料を詳しく吟味し，なぜそのデータを選んだのか，その確かさはどうなのか（記述内容の一般的妥当性，著者・発表誌・出版元の信頼性など)，そして，その事実・データから何が言えるのかということを自分の言葉で説明することが必要である。そうすることによって説得力が増してくる。

論理的思考力・表現力の育成にとって，「理由づけ」は最も重要であるが，最も困難な課題でもある。実際，先のディベートの立論に限らず，「根拠」はあげることができても「理由づけ」ができない子どもたちが多い。いや大学生でもそうである。この問題についてもう少し見ていくことにしよう。

5　理由づけ（事実・データの解釈）の重要性

小学校２年生の授業

小学校２年生の授業で，子どもたちが書いた詩を読んで，その題名は何かを考えて発表するという学習が行われていた。その際，なぜそう考えたか，理由も述べることになっていた。

次の詩をめぐる授業のプロトコルを示す。

さいしょは大きい
つかえばつかうほど
小さくなる

C１　けしゴムだと思います。理由は，つかえばつかうほど小さくなると書いてあるからです。

C２　けしゴムだと思います。理由は，さいしょは大きいからです。

C３　けしゴムだと思います。新品のときは四角いからです。

C４　えんぴつだと思います。理由は，**えんぴつもつかってけずったりすると**，だんだん小さくなるからです。

C５　さいしょは大きいけど，**しんがとんがると**だんだん小さくなるからです。

C　えんぴつはおかしいと思います。さいしょは長いからです。

C６　石けんだと思います。（他の子どもから「ああ」の声）
理由は，つかえばつかうほど，**どんどんとけて**，小さくなるからです。

T　石けんは使うと小さくなってどうなる？

C　なくなる。

C　おれる。

C　やわらかくなる。　（以下略）

この中で，Ｃ１は「つかえばつかうほど小さくなる」という文を根拠にしている点はよいが，それを理由と同一視している。いわば「理由」と「根拠」が未分化の状態である。なぜそこから「けしゴム」と言えるのかという「理由」が述べられていない。なぜ「石けん」ではなくて「けしゴム」なのか。「けしゴム」であることの固有な理由づけが欠落しているのである。Ｃ２なども同様である。

それに対して，Ｃ４，Ｃ５，Ｃ６は，本文中の根拠をあげるだけでなく，それを自分の既有知識・経験をもとに推論して，考えの理由を述べている（太字部分）。例えば，Ｃ６の推論の過程・構造は，「つかえばつかうほど小さくなる」と書いてある（根拠）→石けんはつかえばつかうほど，どんどんとけて小さくなる（理由）→だから題名は「石けん」である（主張），というものである。このように，本文中の言葉を自分の生活経験と結びつけること（解釈）が「理由」を具体的かつ説得的なものにするのである。

先のＣ１の意見をより説得力のある意見に作り直すと，次のようになる。

「つかえばつかうほど小さくなる」と書いてあります（根拠）。

けしゴムは，けすときにカスが出て，だんだん小さくなるので（理由づけ），題名は「けしゴム」だと思います（主張）。

このように，本文中の根拠（事実・データ）をあげるだけでなく，自分の既有知識・生活経験をもとに，事実・データの意味を解釈・推論して，自分の主張が成り立つ理由を述べるのである。

「根拠」と「理由」は２年生の児童でも無意識的に使い分けている。「根拠・理由・主張の３点セット」は低学年の段階から少しずつ指導していくことができる。

大学生の模擬面接

私が勤務していた大学では教員採用試験の直前に模擬面接が行われている。かつて神奈川県の教員採用試験を受験する学生を対象に面接官役を務めたときの事例を紹介しよう。まず，型通り次のような質問をした。

「あなたはなぜ本県の教員を志望したのですか？」

これに対して，彼女はこう答えた。

「神奈川県は全国各地から教員を目指す人たちが多く集まってくるからです」

これでは，なぜ神奈川県の採用試験を受験するのか，その理由がわからない。確かに，「全国各地から教員を目指す人たちが多く集まってくる」というのは客観的な事実（根拠）であるとしても，これだけでは神奈川県を受験する理由にならない。全国各地から教員志望者が集まることがなぜよいのか，神奈川県にとっても，自分にとっても，どんなメリットがあるのかを説明しなくてはいけないのである。例えば，こうである。

「全国各地からさまざまな文化や教育の体験をもった人たちが集まるので，職場や研修会などで交流することによって，教師としての見方や考え方を広げたり，効果的な授業方法を学んだりすることができて，自分をさらに成長させることができると考えたからです」

根拠となる事実を解釈して受験理由を明確に述べている。面接官としては，これが一番聞きたいことであろう。

企業の採用面接でも，同じである。もし，「あなたはどうして弊社で働くことを希望するのですか？」という質問に対して，「学生に人気のある会社だからです」「業績が好調だからです」「給与条件がよいからです」と答えたとしたら，間違いなく不採用になるだろう。そうした事実（根拠）が自分が入社したいという主張にどうつながるのかを具体的に述べなくてはならないのである。

なお，先の答えはまだ不十分な点がある。一般的な理由づけにとどまっていて，具体性（リアリティ）に欠けているからである。本書のテーマにもなっているように，自分の生活経験をもとに理由づけをするとさらに説得力が高まる。例えば，次のような具体的な経験を付け加えるのである。

「実際，私の大学も全国各地から多くの学生が集まっていて，ゼミ活動やサークル活動でいろいろな友達と交流することによって，知らないことを知ることができたり，自分の見方や考え方が広がったりして，とても充実した学生生活を送ることができました。神奈川県に採用されてもこれと同じようなことが期待できると考えたからです」

このような具体的な理由づけがあると，授業において学習者たちが〈わがこと〉として問題を理解し，共有し，対話することができる。この点で「根拠・理由・主張の３点セット」は「三角ロジック」を超えて，「主体的・対話的で深い学び」を生成するのである。つまり，「まえがき」でも述べたように，自分たちの既有知識や生活経験に基づいてテキスト（文字テキスト・談話テキスト）を解釈し，主張することによって，学びの対象となる世界を〈わがこと〉として考え，他者（教師や他の子どもたち）との対話・交流を通して認識を深め，既有知識の再構成，新たな知識の生成に向かうような知識活用・知識創造型の学びが可能になるのである。

6　コンピテンシーとしての論理的思考

近年，各教科の知識・技能を中心とした「コンテンツ・ベース」の教育でなく，教科の枠を超えた汎用性の高い能力（コンピテンシー）を軸に，「コンピテンシー・ベース」の教育を推進する動きが広がっている。「何を知っているか」から「何ができるようになるか」という考え方への転換である。

論理的思考力（表現力）は，「今後のコンピテンシー・ベースの教育への提言」においても，「問題解決能力」「コミュニケーション能力」と並んで例示されていた（「育成すべき資質・能力を踏まえた教育目標・内容と評価の在り方に関する検討会」（安彦忠彦座長）の「論点整理」2014年３月）。

日本の子どもたちは，各種の学力調査で，資料を読んで自分の考えを論理的に述べるという問題に対する無答率が高いことが明らかになっている。中教審答申（2016年12月）でも，「判断の根拠や理由を明確に示しながら自分の考えを述べ」ることに日本の子どもたちの課題があると指摘している。

特に，論理的思考力・表現力の育成にとって「理由づけ」は最も重要であるが，最も困難な課題でもある。５でも述べたように，「根拠」はあげることができても「理由づけ」がうまくできない子どもたちが多い。これは単に論理的思考力の育成ということのみならず，子どもたちの人間関係づくりにも関わる重要な課題である。湯汲英史（2010）も「子どもたちの不適切な行動は，理由の必要性を理解していない，理由表現が十分でない，自己流の理由にこだわるなど，理由づけと関係していることがあります」と述べている

(p.37)。まさに「人間関係スキル」「社会スキル」というコンピテンシーの教育にもつながっているのである。

大学入試センター試験に代わって2020年度から始まった「大学入学共通テスト」では，こうした思考力や表現力をみるための問題が導入されている。社会に出てからも広く使える汎用的スキルとして，論理的思考力・表現力は今後ますます重視されるようになるだろう。

第２節 文学教材の授業における活用

1　PISA2018の結果と今後の課題

OECD 生徒の学習到達度調査最新調査（PISA2018）の「読解力」調査において，日本の高校生の平均得点は，前回調査（PISA2015）よりも12点下がり，504点に低下した。周知のように，前回からコンピュータ利用の出題・解答になった。多様な形式のデジタルテキスト（ウェブサイト，Ｅメール，投稿文など）を読んで答えるというスタイルである。今回の調査では，例えば，企業の宣伝サイトとネット上の雑誌記事を比べて，情報の質や信憑性を評価する問題の正答率は8.9% と非常に低くなっている。

文部科学省は，この原因として，日本の生徒がコンピュータを使った解答に不慣れなこと，SNS の普及で長文にふれる機会が少なくなったことなどの「複合的な要因」があげられるとしている（https://www.nier.go.jp/kokusai/pisa/pdf/2018/01_point.pdf)。

コンピュータを使った問題の出来が悪いということから，日本の学校現場での ICT 対応の遅れがたびたび指摘されている。実際，授業でのデジタル機器使用率は参加国の中で最低で，国語14.0%（OECD 平均44.5%），数学7.8%（同37.8%），理科19.0%（同46.6%）となっている（国立教育政策研究所編『生きるための知識と技能７―OECD 生徒の学習到達度調査（PISA）

2018年調査国際結果報告書―』2019年12月，明石書店）（なお，最新のPISA2022年調査については，本稿の執筆時点でまだ結果が出ていない）。

しかし，だからといって，今後の学校教育がICT教育を金科玉条のごとく推進し，コンピュータを使ってデジタルテキストを読み解く訓練をするという方向だけに進むとしたら，それは問題の本質を見誤っている。というのも，第1回調査（PISA2000）以来，ずっと指摘されてきた問題が依然として改善されていないからである。つまり，「読解力」とりわけ「熟考・評価」の自由記述式問題の無答率が国際平均よりもかなり高いという問題である。複数のテキストを読んで自分の考えを根拠や理由に基づいて論理的に述べる力が不十分ということである。文部科学省も「読解力の自由記述形式の問題において，自分の考えを他者に伝わるように根拠を示して説明することに，引き続き，課題がある」と述べている（前掲サイト）。

この問題に対して，私はさまざまな提案をしてきた。重要なことは，言語論理教育と文学教育とを切り離してはならないということである。「根拠や理由に基づいて論理的に述べる力を育てる」というと，主に言語論理教育の立場から，説明文・論説文教材を使って論理的な思考力や表現力を育成するという方向に進みがちである。一方，文学教材はもっぱら想像力や言語感覚や人間性を育てるためのものだという認識にとらわれがちである。

実際，高等学校学習指導要領（平成30年版）を見ると，新たに設置された科目「論理国語」の目標は「論理的，批判的に考える力」の育成，「文学国語」の目標は「深く共感したり豊かに想像したりする力」の育成というように対比的に捉えられている。

しかし，こうした二分法でよいのだろうか。論説文であれ実用文であれ小説であれ，その内容について自分の考えを述べるときには，他者によく理解・納得してもらうように論理的な言葉で説明する必要がある。「どこからそう考えたのか」「なぜそう考えたのか」という根拠や理由が欠けた自分勝手な考え（印象批評）では誰も相手にしてくれない。まさに客観的・合理的な批評力が問われているのである。

さらにいうなら，文学テキストの方が，読者それぞれの考えが多様に生み出されて，「一つの正解」に収束するのではなく，「納得解」をめぐって考え合い，話し合うことになりやすい。誰か一人の考えだけが「正解」ということはない。さまざまな「正解」があり得る。そのうち誰の考えが最も納得できるかという問題である。その際，「私はあなたと同じように○○という理由から……」「私はあなたと違って□□という理由から……」というように，作品の価値や感動をめぐる「対話」が多様に生成される。ここで論理的な思考力・表現力が問われてくるのである。

こうした能力を育成するために有効な方法が，以前から私が提唱してきた「比べ読みによる批評」や「根拠・理由・主張の３点セット」の活用である。

2　文学の授業における「根拠・理由・主張の３点セット」の活用

大学の講義で，「根拠・理由・主張の３点セット」を使って，「スイミー」（レオ・レオニ）の「比べ読みによる批評」を行った。現行の国語教科書（Ａ社のテキストとＢ社のテキスト）を比べて，自分が教師ならどちらを使いたいかを書いてもらった。

【Ａの方がよい】
・文の行間が広い（余白が多い）ので，視覚的に見やすく書き込みもしやすい。
・さし絵が多い（うなぎやくらげの絵がある）ので，楽しく，興味をもって読める。
・うなぎやくらげの絵があると，スイミーが「すばらしいもの」や「おもしろいもの」との出会ったときの感動が子どもたちにも伝わってくる。
・「でも」「ところが」があるので，接続詞（逆接）の学習になる。次の展開を予想しながら読める。
・「くらしてた」「生えてる」のような口語表現が多く，子どもには親しみやすい。

・感嘆符（！）が数か所に使われていることで，感情を込めて音読ができる。
・「そうだ！」というせりふが単独であることで，スイミーが名案を思いついたときの感動の大きさが強調されている。
・「だめだよ」が「小さな赤い魚たちは答えた」の前に置かれることで，みんなが外の世界に対して恐怖心をもっていて，スイミーの誘いを即座に拒絶していることがわかる。

【Bの方がよい】
・「～している」（Aは「～してる」），「～を」（Aは「を」がない）というように正しい日本語が使われていて，国語の学習に向いている。「ら抜き言葉」など日本語の乱れが問題になっているので，きちんとした言葉の使い方を学ぶことは大切である。
・さし絵が少ない分，言葉や文から想像することができる。
・場面とさし絵が対応している（特に「ある日，おそろしいまぐろが～にげたのはスイミーだけ」の場面でページが変わる）ので，イメージしやすい。
・Aのように「でも」があると，一匹だけ黒いということがマイナスのイメージ（差別的）で捉えられるおそれがある。
・「出てこいよ。みんなであそぼう」というせりふの前に，「スイミーは言った」と書いてある（Aにはない）。また，「だめだよ。大きな魚に食べられてしまうよ」と一つの文で書いてある（Aは二文）。だからBの方が読みやすく，誰のせりふかわかりやすい。
・「スイミーは考えた。いろいろ考えた。うんと考えた」のところが句点になっていて，改行してあることで，スイミーが時間をかけて，よく考えていることが伝わってくる。

このように，学生たちはテキストの語句・表現・さし絵などを根拠にして，なぜそのテキストを使いたいかという理由を論理的に述べている。こうした授業の積み重ねが「熟考・評価」の力を高めていくのである。

第３節
根拠を明確にして書くための留意点

現在使われている中学校１年の各社の国語教科書には，「根拠を示して説明しよう」（光村図書），「根拠を明確にして書こう」（東京書籍），「根拠を明確にして意見文を書く」（教育出版），「根拠を明確にして考えを述べる」（三省堂）という「書くこと」の単元が設定されている。

本来は，これらを検討することが不可欠であるが，現在使用中の教科書であることを考えると，教科書批判とも受け取られかねないので，本書では差し控える。その代わりに，過去の教科書の類似の単元を検討することで，根拠を明確にして書くことの学習指導に関する私の基本的立場を明らかにしておきたい。

１　「根拠・理由・主張の３点セット」の必要性
—根拠をあげるだけでは不十分—

「根拠・理由・主張の３点セット」は説得力のある主張をするためのツールである。まず自分の主張の根拠となる客観的な事実・データをあげて，それがなぜ主張を支えることになるのかを説明する（その事実・データがどんな意味をもっているのかを解釈・推論する）という思考・表現の技術である。例えば，第１節でもあげたように，「ピーマン（赤）はビタミンＣが豊富に含まれている（100g あたり170mg で野菜の中では第一位，ちなみにレモンは100mg)」という客観的な事実・データ（根拠）から「ピーマンを食べよう」と主張することがある。しかし，このままでは，ビタミンＣが多いからといって，なぜピーマンを食べなくてはならないのかという疑問や反論が出てくるだろう。ビタミンＣについてよく知らない人がいるかもしれない。サプリメントを飲めば簡単にビタミンＣが摂れるからピーマンは食べなくてもよいという人もいるかもしれない。そこで，そういう人たちにも「なるほど」と納得してもらえるような「理由づけ」が必要なのである。例えば，「ビタミンＣは健康維持に不可欠な栄養素であり，不足すると感染症になりやすくなる。しかも，ピーマンだと他の栄養素とともに効率的に摂取できるし，サプリメントは摂りすぎると体に害があるから」といった具体的な理由づけである。

2　教科書教材を検討する

過去（平成28年度版）のＡ社の教科書掲載の意見文例（中学校２年）を取り上げる。これは生徒が書く際のモデルとして示されている。

日本では，使用済みのパソコンは，パソコンメーカーなどが回収し，リサイクルすることが法律で義務づけられている。そのため，国内でのリサイクル率はたいへん高い。しかし，世界にはそうでない国もある。私は，リサイクルの問題は，日本だけでなく，地球全体の視点でみるべきだと考える。［書きだし］

アフリカのガーナのある地域では，外国から輸出されてきた使用済みパソコンが廃棄物として山積みになっている。これらは中古パソコンとして輸出されてきたものの，実際には使い物にならず廃棄されたものや部品をリサイクルするにも，専門的な知識や技術が不足していて放置されたものである。パソコンなどの電子製品には，部品に有毒な物質を含むものもあり，現地で深刻な環境汚染や健康被害を引き起こしているそうだ。**このことは，環境問題としても，また，人道的な面からもとうてい許されることではないだろう。**［根拠］

（中略）　［反論を踏まえた考え］

人やお金が活発に動く現代は，私たち一人一人の行動や考え方が，世界のどこかで何らかの影響を与えずにはおかない。このことを肝に銘じ，リサイクルやごみ問題について地球全体の視点で考えていく必要があると思う。［まとめ］

この意見文の問題点は，まず，根拠となる事実・データが十分に示されていないということだ。伝聞（～そうだ）による不確実な記述もある。事例や数値をあげて，どんな深刻な環境汚染や健康被害が起きているかを具体的に示すべきである。次に，「根拠」の中に理由づけ（太字部分）が混入していることである。しかも，自分の既有知識・生活経験と結びつけて具体的に書かれていない。なぜ「許されることではない」のか。「もし，こんなことが日本で起こったら大変なことになるだろう。例えば……」というように，身近な例をあげてその深刻さを具体的に述べることで説得力が高まる。

第４節
論理的であるとは具体的であるということ

そもそも「論理的」とはどういうことであろうか。論理的であるということはけっして理屈っぽいということではないし，観念的・抽象的に考えることでもない。むしろその反対で，論理的であるとは具体的であるということである。

国語教育界で論理の教育に最も力を注いできた研究者の一人が宇佐美寛である。宇佐美は，「論理的に考える」とは「具体的に考える」ことであるとずっと強調してきた（宇佐美 2003)。

子どもの作文を見てみよう。

次の作文はどこが問題だろうか？

> 牧場のアイスクリームがありました。食べてみたら，牛乳がたっぷり入っていて，あまりおいしくなかった。でも，少しおいしかった。

大きく２つの問題が指摘できる。第一に，「牛乳がたっぷり入っていた」と「あまりおいしくなかった」の関係が不明確だということである。ふつうは「たっぷり入っていた」から「おいしかった」と続くはずである。しかし，そうでないということは，この子は牛乳があまり好きではない，苦手であると推測できる。第二に，「あまりおいしくなかった」と「少しおいしかった」の関係が不明確だということである。「少しおいしかった」のはなぜなのかを説明しなくてはならない。

宇佐美は，「論理的」とは「経験との対応が明確に表現されている」ことだという（前掲書，p.87）。これが「論理的＝具体的」ということの意味である。先の作文は「この子がもった経験と正確に対応する形では書けていない」ということになる。まさに自分の考えを丁寧に言語化することが必要なのである。

「根拠・理由・主張の３点セット」はそのための有力なツールである。先の作文でいえば，「牛乳がたっぷり入っている」という根拠（事実）から，「あまりおいしくないが，少しおいしい」という主張（結論）を導くための理由づけが欠けているということになる。理由づけは根拠と主張をつなぐ働きをする。しかも，なるべく自分の生活経験と結びつけて考えることが大切である。それが他者にも思い当たるような経験だとさらに説得力が高まる。

例えば，先にあげた作文は次のように書き直すと，非常に論理的（具体的）になる。

> 牧場のアイスクリームを食べました。牛乳がいっぱい入っていて，あまりおいしくありませんでした。ぼくは牛乳がきらいだからです。でも，少しおいしかったです。なぜかというと，その日はとても暑くて，冷たいアイスクリームが体に気持ちよかったからです。

この他にも，「高原の牧場で食べたので，眺めもよくておいしかった」「友達と一緒に食べたのでおいしかった」「乳しぼりの体験をした後だったのでおいしかった」「トッピングやコーンがおいしかった」といった理由づけも考えられる。

こう見てくると，論理的な見方・考え方のポイントは，言語行為（話す・聞く・書く・読む）において，自分の知識や経験と結びつけて具体的に考えたり表したりすることができるかどうかということになる。理解行為においては，そうすることによって共感にいたる場合（理由に納得できるとき）もあるし，批判にいたる場合（理由に納得できないとき）もある。

国語科の授業では，自分や他者の考えの根拠は明確であるか，理由は具体的であるかという論理的な見方・考え方を働かせることによって，言葉についての「深い学び」が生まれていくはずである。

【引用・参考文献】

・井上尚美（2007）『思考力育成への方略―メタ認知・自己学習・言語論理―〈増補新版〉』明治図書

・宇佐美寛（2003）『宇佐美寛問題意識集６　論理的思考をどう育てるか』明治図書

・国立教育政策研究所（2017）『平成29年度 全国学力・学習状況調査 小学校 国語Ｂ問題 大問３三』

・国立教育政策研究所（2017）『平成29年度 全国学力・学習状況調査 解説資料 小学校 国語』

・鶴田清司（2010）『対話・批評・活用の力を育てる国語の授業―PISA 型読解力を超えて―』明治図書

・鶴田清司・河野順子編著（2014）『論理的思考力・表現力を育てる言語活動のデザイン　小学校編・中学校編』明治図書

・鶴田清司（2017）『授業で使える！論理的思考力・表現力を育てる三角ロジック―根拠・理由・主張の３点セット―』図書文化

・鶴田清司（2020）『教科の本質をふまえたコンピテンシー・ベースの国語科授業づくり』明治図書

・松下佳代（2021）『対話型論証による学びのデザイン―学校で身につけてほしいたった一つのこと―』勁草書房

・湯汲英史（2010）『子どもと変える 子どもが変わる　関わりことば―場面別指導のポイント―』明石書店

・Toulmin,S.（1958）*The Uses of argument.* Cambridge University Press（updated ed. 2003）（戸田山和久・福澤一吉訳（2011）『議論の技法―トゥールミンモデルの原点―』東京図書

（鶴田清司）

第２章
「主体的・対話的で深い学び」と「根拠・理由・主張の３点セット」

第１節
「主体的・対話的で深い学び」とは

１　「主体的な学び」とは

学びとは，本来，子どもから出発し，教室での他者との関わりを通して，再び子どもに返っていくものである。つまり，子どもの側から子ども主体の学びが起こることが大切である。私は，子どもの側からの主体的な学びを「学習者がすでにもっている知識を想起し，生きて働く力として子ども自らが再構成していくことのできる学習指導」[(1)]と定義する。こうした考え方のもとでは，子どもたちはどんな小さな子どもであってもすでに既有の知識や経験をもっており，それを人・もの・こととの関わりを通してつくり替えていく主体的な存在であるという捉え方をする。つまり，「主体的」な学びの実現には，子どもがすでにもっている知識や技能，見方・考え方，経験から出発する営みと考えることが重要なのである。

本書で提案する「根拠・理由・主張の３点セット」（以下「３点セット」と略記）は，こうした学習者の側からの学びを実現するためのツールとして活用するものである。ここで注意しておきたいのは，「３点セット」は「トゥルミン・モデル」に基づく「三角ロジック」とは異なり，理由づけに学習者の既有知識や生活経験を引き出すことこそが学習者の側からの学びを実現するという点である。「対話」を実現したいと考えながら，実現できずに迷っている先生方もまだまだいらっしゃる。そういう事実をふまえて，「対話」を実現する「３点セット」について長きにわたって取り組んできた。当初，熊本大学時代，文部科学省指定の「論理科」カリキュラムを開発する際に「三角ロジック」を導入することを考えた。しかし，「三角ロジック」では，「根拠」「理由」「主張」の３つは示されるが，ともすると，表面的・形式的な学びに終始してしまうことがわかってきたのである。

以上のような背景として，河野順子・熊本大学教育学部附属小学校

(2013) の発達調査がある。この調査で，他者との対話を形成するために，子どもたちは平素から理由づけに生活経験を持ち出してくる傾向があることがわかった。一方，鶴田清司 (2017) は，「論理的」に考えるとは「具体的」に考えることだと規定して，「理由づけ」に具体的な既有知識や生活経験を引き出すことの重要性を指摘してきた。こうして，学校現場において具体的な生活経験に基づく「理由づけ」を行うような学習指導が展開されるようになり，その結果，質の高い対話が引き出され，学習者の意欲も高まっていった。このように現場実践との実践研究を経て，私たちは「三角ロジック」ではなく「３点セット」として，「教材との対話」「他者との対話」を豊かにし，「自己内対話」へと結んでいくことのできる新たな理論を提案することが重要であると考えたのである。

2 「対話的な学び」とは

では，「対話的な学び」とはどういう学びであろうか。

まずは，「教材との対話」である。読みが主体的になるには，子どもたちが自らの既有知識やすでに学んだ技能や見方・考え方を基点に教材に出会う際の出会い方の工夫があってはじめて，子どもと教材との対話が始まる。対話のある授業づくりの第一のポイントはいかに子どもたちの既有知識・生活経験，見方・考え方を引き出し，（例えば説明的文章の学びであれば）筆者の主張や見方・考え方と出会わせるかということにある[(2)]。

本書の実践においても，１年生の原之園実践では，生活科で体験学習を行い，そのうえで，国語教材「うみのかくれんぼ」に出会わせることによって，子どもたちの生活経験が引き出され，「教材との対話」が実現している。２年生の田邉実践では，「スイミー」での既習事項や学習経験が「スーホの白い馬」の学びで子どもの側から理由づけに生活経験を引き出すのに有効に働いている。田邉先生は１年生の子どもたちの読みの事実を捉え，「『根拠・理由・主張の３点セット』の中で，自分の主張を伝えるための理由づけが妥当でなかったり，根拠をもとにしながら登場人物の行動やその理由についての解釈が十分でなかったりするという問題である」（p.75）と捉え，「スイミー」の授業の第１次に『こんなとききみならどうする？』（五味太郎）を用いて，子どもたちが自分の主張を述べる際に，理由づけを生活経験から引き出す学びを生み出せるように工夫している。さらに，田邉実践で注目したいのが，教師が子どもの発言に問い返しをしたり価値づけたりして「理由づけ」の大切さに気づかせようとしている点である。「スイミー」から「スーホの白い馬」へとつながる「理由づけ」の質の高まりを読み取っていただきたい。また，田邉先生が最後に述べられている４つの留意点を読者各位が実際に活用していただきたい。

また，３年生の野中実践では，「読むために書く」という立場から，第１次に書くことを取り入れることによって[3]，理由づけに既有知識・生活経験が引き出されて，「教材との対話」「他者との対話」が促進されている。

子どもたちが，説明的文章教材を読むということは，筆者による世界（自然・人間・生活・社会など）の捉え方（見方・考え方）や論理・構造の展開の仕方を通して，学習者の既有の世界の捉え方や論理・構造を捉える技能を再構成する営みである。その意味において，学習者の読みは，筆者の世界の捉え方や論理・構造の展開の仕方を超えると言ってもよい。

このとき，筆者の捉え方を表している文章の言葉を「根拠」にして，子どもたちが自分の既有知識・経験を引き出しつつ筆者との対話を行っていくことが大切である。

このように，「根拠」である筆者の言葉，論理・構造の読み取りを基点にして，筆者がどのような観点から物事を見つめ，考え，そして，そのことをどのような論理展開，述べ方によって表現しようとしているかを捉えることによってこそ，読み手は，今まで自分の中にはなかった筆者の見方・考え方を発見することができる。そのことによって，「えっ，こんなふうに考えられるのか」と自分の見方・考え方を超えた読むことの楽しさに気づく。そして，さらに，その筆者の発想に対して，自分はどう考えるのかというふうに情報を生産する身になって切実に読み取りを進めることができるのである。

このとき,「主体的で対話的な学び」を引き起こすために重要なのが，子どもたちの既有の見方・考え方・述べ方を筆者の見方・考え方・述べ方と「出会わせる」ことである。こうした学習デザインの工夫があってはじめて,「筆者との対話」さらに「自己内対話」が引き起こされることになる。

しかし，一人ひとりの子どもの既有知識・技能，生活経験，見方・考え方には限界がある。そこで,「他者との対話」が重要となる。この「他者との対話」を深いものにするためには，論理的コミュニケーション能力の育成が大切である。こうした論理的コミュニケーションツールとして有効なのが，先述した「根拠・理由・主張の３点セット」である。この「３点セット」による論理的（具体的）なコミュニケーションによって,「他者との対話」は自己の既有の知識・技能，見方・考え方に揺さぶりをもたらし,「自己内対話」を活性化させ，知識・技能の再構成が行われる。このときが，生きて働く知識・技能が育成される瞬間であり,「主体的・対話的で深い学び」が実現したときであると言える。

第２節
葛藤を引き起こす「他者との対話」
―「メタ認知の内面化モデル」と「３点セット」の活用―

1 「社会・世界と関わる力」の育成と新しい学び

学習指導要領では，学力論に関わって,「資質・能力」を基盤とした次のような学力の三要素をあげている。

つまり,「生きる力」の育成のために,「何を理解しているか，何ができるか」(生きて働く知識・技能）とともに,「理解していること・できることをどう使うか」(思考力・判断力・表現力等）, そして，これらの土台であり，目標でもある「どのように社会・世界と関わり，よりよい人生を送るか」

（学びに向かう力・人間性等）という三つの柱の「資質・能力」を各教科などにおける具体的な活動を通して育んでいくことを求めている。

ここでは，知識・技能の育成も，何を理解しているかという概念的知識レベルではなく，何ができるかという技能レベル（手続き的知識レベル）である。さらに，こうした知識・技能が本当の意味で生きて働く力として活用されるためには，思考力・表現力という教科を横断する汎用的スキルであるコンピテンシー・ベースの学力が必要となる。このコンピテンシー・ベースの学力とは，問題解決，論理的思考，コミュニケーション，意欲，メタ認知などの学力をあげることができる。

以下では，コンピテンシー・ベースの学力としての「根拠・理由・主張の３点セット」による論理的コミュニケーション能力及びメタ認知力の育成について言及し，こうした力の育成が，三つ目の「資質・能力」である「どのように社会・世界と関わり，よりよい人生を送るか」という学びに向かう力・人間性の育成に重要かに言及していく。こうした「社会・世界と関わる」力の育成について，私はかつて「メタ認知の内面化モデル」[(4)]によって，メタ認知を育成するために必要である「他者との関わり」を通して，学習者の内面に「葛藤」を引き起こすことが重要であると指摘した。そして，そのための方法論として「批評読みとその交流」[(5)]などを提案した。

認知心理学などの知見から，現在，学習者には自らの既有知識・技能，見方・考え方などがあり，それをもとに人・もの・ことと関わることによって，自らの既有知識・技能，見方・考え方などを再構成することのできる主体的な存在であるということがわかっている。つまり，学習者は，既成の知識を与えられるだけの受け身的な受容器としての存在ではなく，自らが蓄えてきた知識をもとに，それを新たに構成し，新たな知識を生成していく能動的な存在なのである。

その意味で，学習者が自らすでにもっている知識・技能や見方・考え方を見直し，新たな知識・技能や見方・考え方を再構成する学びを通して，学習者の見方・考え方を広げ，深めていくことが大切である。その結果，学習者は，新たに世界に対峙し直し，社会や世界に向き合っていくことができる。こうした力が，学習指導要領が目指す「資質・能力」の三つの柱としての「どのように社会・世界と関わり，よりよい人生を送るか」（学びに向かう力・人間性等）という力の育成にも関連していく。

このような学びを可能にしていくためには，自らの内なるものに揺さぶりをかけ，自らの内なるものを変容させていくような学びを実現していく必要がある。

2　知識・技能の再構成を促す葛藤とメタ認知の役割

これからの社会に生きる力を育成するうえで目指したい学びは，読み手である学習者が蓄えてきた既有知識・技能や既有の見方・考え方を再構成する学びである。つまり，学習者自らがそれらを作り直し，更新することである。そして，そうした営みを経て，新たに世界に対峙し直すということを意味している。この新たに世界に対峙し直す営みを促進するために，最終的に目指すべきことは「メタ認知的知識」の育成である。

メタ認知的知識の中でも重要なものが「方略についての知識」である。それは「宣言的知識」（どのような方略か），「手続き的知識」（いかに使うか），「条件的知識」（いつ，なぜ使うか）から成っている（三宮 2008）。学習指導では，依然として教師からのトップダウンの指導により，学習者の内面に揺らぎや葛藤（メタ認知的経験）を生じさせるような〈対話〉が実現されていない場合も多い。したがって，このような学びでは，学習者が「メタ認知的知識」を再構成することは難しく，そのため獲得した知識や技能が生活に生きて働く力として機能しにくかった。しかし，学習者自らが自らの内なる世界の捉え方などを構成し直すということは，実感として，これまでの自らの世界の捉え方などを見直し，「では，どのように世界と対峙しなければならないか」という学習者の内なる営みとして学びが行われるということである。このように，学習者の内部から実感として再構成された知識・技能は，学習者がこれから出会うであろう世界の中で，生活に生きて働く力として機能することが期待される。単なる形式的な概念知ではなく，メタ認知的知識（特に条件的知識）を働かせることで状況や場面に応じた形で知識・技能を適切に用いることができるからである。

では，こうした学習指導において必要となることはなんであろうか。それは，新たな方法論の開拓である[(6)]。ここで，学習者の内なるものに揺らぎや葛藤をもたらし，学習者自らが自らの世界の捉え方などを見直す契機となるような〈他者〉との〈対話〉の必要性が要請される。

説明的文章の学びで考えてみよう。私は，説明的文章教材を次のように考えている。すなわち，それは，学習者が教材に顕在化している論理や文章構成や表現を手がかりにして筆者の世界の捉え方を推論し，その結果，自らの世界の捉え直しを行っていく契機となるものである。こうした教材観が「主体的・対話的で深い学び」の実現には欠かせない。

説明的文章には，筆者の世界の捉え方そのものが表現されている。説明的文章教材において，筆者がある題材を選び，その題材をある切り口から論じていくのは，筆者が人間に，生活に，自然に，社会に，つまり，世界に〈他者〉（揺り動かされる何か）を見出し，語らなければならない思いに駆られるからであろう。そして，それを読者に訴え，伝え，説明するために，言葉を選び，論理を研ぎ澄ませ，文章を構築していくのであろう。

このように，説明的文章教材を，筆者の世界に対する〈他者〉発見の場として捉え直したとき，読み手である学習者は，そこに〈他者〉を発見し，その〈他者〉とどのようにつながり，どのように対峙していかなくてはならないかを見つめ直す契機を与えられる。それは，同時に，読み手である学習者に，自らが生きている現実社会で出会うであろう〈他者〉との関わりを通して，世界とのつながり方，対峙の仕方を問いかけ，自らを，そして，現実社会を見つめる視点を与えることになるであろう。

3　なぜ学習指導に〈他者〉との〈対話〉が必要か

なぜ，〈他者〉なのか。それは，それまで自らの世界の中で，当然と考え，当たり前に過ごしていたことの中に，そうではない異質なるもの，見過ごしてはならないものを見出し，自己や社会・生活・人間・自然への意識の変革を促し，内なる世界・論理・構造を捉える技能が再構成される契機を促すものとして，〈他者〉との〈対話〉が学びにおいて必要になるからである。

自分とは異質なるものを前にしたときこそ，学習者の発する言葉が一般的な言葉ではなく，他ならぬ〈わたしのことば〉として，真実の意味をもった営みを行うことになるのである。

先行の国語教育研究においても，他者との関わりにおいて，自己を変革し得る営みこそを主体的と捉えてきたものが散見される。したがって，主体的な読み手を育成しようとするならば，この〈他者〉をどう位置づけるかが不可欠な問題となる。このように，〈他者〉概念を国語科の学習に導入することによって，真に〈わたしのことば〉を営む主体的な読み手の育成が可能になるであろう。

こうした〈他者〉概念は主体的な読みの可能性を引き出すとともに，新たな意味を創造する可能性ももっている。

このように，国語科における〈他者〉は，筆者という一人の〈他者〉の見方・考え方・述べ方を超えて，子どもたちなりの見方・考え方・述べ方を新たに創造する可能性を見出すことができる。

では，〈他者〉との〈対話〉とはなんであろうか。

説明的文章の学習指導において，〈他者〉は，教材の論理や文章構成や表現を通して出会う**筆者の世界の捉え方**である場合もあろうし，教材（題材）に関する**教師や他の学習者の異質な捉え方**として立ち現れる場合もあろう。また，こうした教材，筆者，生の他者との関わりを通して，学習者の内に潜む〈他者〉が立ち現れてくる場合もあるだろう。

つまり，〈わたしのことば〉―感性を土台にした経験に裏打ちされた身体的，実感的言語―が，身体の根底にある感性の部分で外部から揺り動かされるような衝動（葛藤）を受け，それがそれぞれの学習者のそれまでの世界・論理・構造を捉える技能の見直しや変容を迫るような認知のドラマが起こるその出会いを〈他者〉との出会いと捉え，そうした〈他者〉との間に起こる対話を〈対話〉と捉えることとする。したがって，〈他者〉は，他者との相互作用（学び）の中で生み出される，学習者の新たな認知そのものということができる。また，〈対話〉は学習指導の理念と方法的概念をともに含んでいるが，〈他者〉との〈対話〉というときには，特に，異なるものとの間に差異を見出し，論理の対決を行う意味合いを強くもつ。授業においては，他の子どもたち，教師という生身の他者の存在が，〈他者〉との〈対話〉を引き起こす契機を生み出す存在として立ち現れてくる。

以上のように，学習者の内なるものに揺らぎや葛藤をもたらし，それが，学習者自らが対峙している世界での〈他者〉との〈対話〉へ開くために，私は，授業における〈他者〉との〈対話〉という概念を導入した。

重要なのは，学びにおいて，〈他者〉との〈対話〉により，これまでの既有知識や技能，見方・考え方が揺り動かされ，その結果，新たに世界を見つめ直すことによって生み出された自らの言葉〈わたしのことば〉で語り得る学習者の育成である。

さらに，得た知識や言葉を〈わたし〉のものとして自覚させるためには，他ならぬ生身の他者（学習という場を形成している子ども・教師）の存在（身体）そのものである。

学びにおいて，生身の他者の「身体」と対面するとき，〈わたし〉は，自分とは異なる他者の知識や欲求を推し量るだけではなく，彼の言葉の背後にある彼の生きてきた文脈や経験をも推し量りながら対峙しなければならない状況へと向き合わされることになる。それは，まさに，自らが身体に刻んできた経験や人生に裏打ちされた〈わたしのことば〉によってしか対峙し得ない営みとなる。

言葉は，もともと，私たちが日常世界に身を置き，環境と相互作用しながら身体的な経験を基盤として獲得してきた伝達の手段である。つまり，言葉には，日常世界のなかで，環境と共振しながら世界を意味づけていく人間の身体性に関わる要因がさまざまな形で反映されているということができるのである。その意味で，「身体」を私たちの認知の基盤であると捉える。

以下では，「身体」を次の二つの次元で捉えてみたい。一つは，他者との関わりによるものである。これを「他者との身体」と呼ぶ。もう一つが，ポラニー（1980）による暗黙知の理論を用いた「身体を通した読み」である。

「他者の身体」

鷲田清一（1999）は，次のように述べている。

> 他者のはたらきかけの対象として自己を感受するなかではじめて，言いかえると「他者の他者」として自分を体験するなかではじめて，その存在をあたえられるような次元というものが，〈わたし〉にはある。
>
> （p.130）

つまり，私たちは，他者と触れ合うことによってこそ，〈わたし〉は〈わたし〉なのだという実感をありありと感受することができるのである。例えば，議論の場で，対面する他者と意見を交わし合うことによって，自分の考えが鮮明になったという体験は多くの人がもっていることであろう。

したがって，教室という学びの場において，私の「身体を通した読み」の契機をもたらすのは，他ならぬ「他者の身体」であり，この二つの身体の関わりの中でこそ，〈他者〉との〈対話〉が可能となるのである。

説明的文章を読んで，文章に顕在化している論理や文章構成や表現から筆者の見方・考え方を読み取り，その異質さを感じたとしても，そのことが，すぐに学習者の中に葛藤を生じさせる〈他者〉を立ち上げるかというと，まだまだ熟達した読みの領域に達していない学習者にとっては，なかなかないことである。しかし，その学習者が，ぼんやりと感じている筆者の考え方や見方に対する違和感は，他の学習者や教師との話し合いを通して，生の他者の意見との異質さに気づかせたり，はっとさせたり，反発を感じさせたりすることになる。なぜなら，対面している生の「他者の身体」から放たれる言葉や身振り，まなざしが，自らの身体に刻まれた経験や感性に響くからである。ここに，教室という場で学ぶことの意味があると考える。つまり，生の他者の「身体」（存在）があるからこそ，「身体を通した読み」が可能になるのである。

「身体を通した読み」

現行の学習指導要領で強調されているのは，「生きる力」の育成である。「何を理解しているか，何ができるか」（生きて働く知識・技能）とともに，「理解していること・できることをどう使うか」（思考力・判断力・表現力等）と述べられている。つまり，知識をもっているだけでは役に立たないので，それを使って何ができるかという技能の育成が必要であり，そのためには，思考力・判断力・表現力等の育成が必要となるということである。

このことを，認知心理学の知見で見てみよう。先に述べたように，「メタ認知的知識（特に方略についての知識）」には大きく分けて「宣言的知識」と「手続き的知識」と「条件的知識」があるとされている。学校で学んだことが生活に生きて働く力として機能するためには，宣言的知識に蓄えられるだけではなくて，手続き的知識として変換される必要がある。

つまり，次のように認知の仕組みを捉える。

私たちが行う読むという営みは，既有知識を検索するところから始まる。私たちが情報を読む場合，長期記憶の中の宣言的知識にすでにある知識が想起され，その概念との差異が生じることによって，新たな宣言的知識が生成される。この宣言的知識とは，それが何であるかについての知識である。情報がこの宣言的知識に表象されるだけでは，単に知識をもっているという状態にとどまってしまう。これでは，生きて働く力にはならない。大切なのは，この宣言的知識が手続き的知識へと変換されることである。この手続き的知識とはどのように行うかについての知識である。学習指導要領がいうところの「何ができるか」というのは，この手続き的知識が働いている状態である。手続き的知識が自動化されることによって，「メタ認知的知識」に蓄えられたり，既有の「メタ認知的知識」と照合し，ない場合には，新たな「メタ認知的知識」へと再構成されたりするのである。この新たな「メタ認知的知識」が再構成される状態になったときが，生きて働く力の育成がなされたときであると捉えることができる。そして，このときに働くのが「条件的知識」（いつ・なぜ使うか）ということになる。この「メタ認知的知識」が再構成されたとき，私たちは新たな情報に出会ったとき，その情報を読み解くのに必要なメタ認知的知識（方略についての知識）にアクセスし，適切な知識や方略を用いて読み解いて，「わかった」と納得できる状態になるのである。

4　メタ認知の内面化モデル

以上のことを「メタ認知の内面化モデル」をもとに考えてみたい。

説明的文章の学習指導においては，課題が学習者のものになることが学びの質を決めるうえで重要である。例えば，「くらしと絵文字」という教材を見てみよう。これは，「わたしたちのくらしの中で，絵文字がたくさんつかわれている理由がはっきりしてきます」ということを述べるために，“第一の特長…その絵を見た瞬間に，その意味がわかること。第二の特長…伝える相手に親しみや楽しさを感じさせること。第三の特長…その意味が言葉や年齢などのちがいをこえてわかること”を挙げている説明文である（３年下）。

「くらしと絵文字」を読んで，「筆者の主張に納得できるか」という課題が設定されたとする。ここで，この課題が学習者のものになるということは，学習者のこれまでの生活の文脈や学習の文脈と結びついた形で機能し始めたときである。

では，どのような状態のとき，学習者が実感として，まさに自分の問題として課題を内面化していると言えるのであろうか。

ここで「暗黙知」（ポラニー 1980）の知見を取り入れて考えてみたい。

暗黙知とは，人間の知識についての考え方であり，人間の知識には，明確化できない知識がその不可欠な部分として存在しており，それがあってこそ，はじめて明確な知識として形成されるという考えである。

図に表すと，図１のようになる。図１によると，明確化できない知識というのがＡである。

このＡは，これまでの生活経験や学習経験の中で，認識の道具としての身体が，その感覚を通して感知した身体的，実感的な知識であり，言語に表現できないような知識として存在しているものである。ポラニーは，どんな客観的な知識も，その裏に明確化できない，身体的，個人的な暗黙の知識をもっていると主張している。

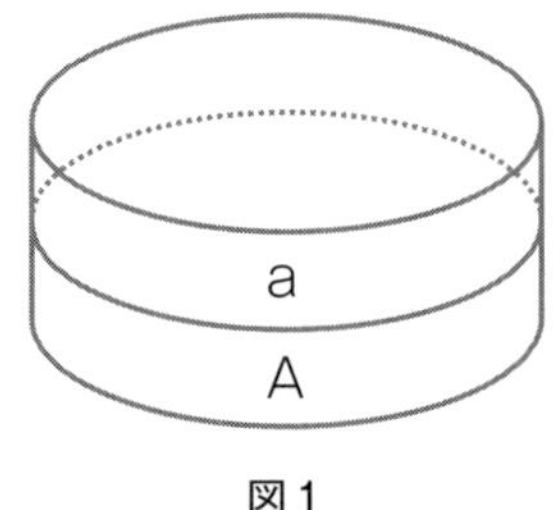

図１

説明的文章の学習指導において，問題となる「学習者が実感として書かれてあることを読み取ることができず，実生活の行動に生かされない」という状態はＡを抜きにして，ａの部分だけが移送されたような知識獲得の状態であると考えられる。それが，身体的，実感的な知識であるＡを経て，ａが形成されることとの違いである。説明的文章の学びにおいては，身体的，実感的な知識であるＡを背後にもったａからなる知識をこそ育成していかなくてはならない。

認知心理学では，我々の認知の働きにはイメージ図式が関与しており，それは，身体に組み込まれており，論理もイメージ図式を基盤にすると捉えている。つまり，論理も私たちの日常生活の中での経験を通して，図1におけるAの暗黙知の内に蓄えられているとみなすのである。

この暗黙知の理論をもとに，メタ認知的活動がいったいどのように機能することが学習者主体の説明的文章の学びを実現するために必要なのか，「メタ認知の内面化モデル」をもとに考えてみたい。

説明的文章の学びにおいて，まずは，課題が学習者のものになる必要がある。そのために，従来から説明的文章の学習指導では，題名読みなどによって，既有知識を掘り起こす試みが行われてきた。こうした学習によって，課題は，学習者が内面化している暗黙知のAに組み込まれ，起動し始める。「筆者の主張に納得できるか」という課題が暗黙知のAに組み込まれるというのは，次のようにメタ認知的知識（手続き的知識）が働き，絵文字に関する既有経験が引き出されていくことである。筆者の主張は「絵文字の特長をこのように考えてくると，わたしたちのくらしの中で，絵文字がたくさんつかわれている理由がはっきりしてきます」である。このことが学習者のこれまでのメタ認知的知識にある，主張は「なか」の事例との関連で読み取ればよいという手続き的知識をもとに開始される。しかし，課題が一層学習者にとって切実なものとなるためには，ａに組み込まれた課題が学習者の暗黙知のAに蓄えられている生活や学習での経験と結びつく必要がある。つまり，「なか」の事例の第二の特長は「伝える相手に親しみや楽しさを感じさせる」ことと書かれてあるけれども，これについてあげられている迷子の事例とアメリカの動物園の事例は筆者の主張を説明しているのかどうかを学習者の経験と結びついて判断できるかどうかということになる。

これを引き起こすためには，他者からの働きかけ，例えば，自分の考えとは全く違う考えに出会うような，揺さぶりを伴った学びを実現することが必要である。こうした揺さぶりこそが，葛藤（感情的経験）であり，この葛藤によってこそ，新たなメタ認知能力の育成が図られることになる。

これまでの説明的文章の授業では，この一連の学習の中で，特に，論理・構造に関する概念知をいかに学習者に教え授ければよいのかという指導が行われがちであった。こうした教え授けられる授業では，一見，論理・構造に関する概念知が満たされ，学習者は，論理・構造を獲得したと考えられがちである。しかし，重要なのは，この論理・構造に関する概念知が，論理・構造を捉える技能として変換されることである。しかも，論理・構造を捉える概念知を育成すれば，論理・構造を捉える技能が育成されるのかというとそうとも限らない。そこには，学習者の内に，「なるほど，わかった」という瞬間が訪れたり，あるいは，「なぜ，そうなるのだ」「どうしてだ」というような学習者の内部に葛藤（感情的経験）が引き起こされたりして，論理・構造を捉える技能の育成が果たされる瞬間があるはずなのである。

「メタ認知の内面化モデル」では，学習者にとって切実な学びが起こるのは，課題が学習者の既有知識・既習事項と結びついたうえで，他者から揺らぎがもたらされ，既有知識・既習事項が揺さぶられる内的動きが起こるときである。つまり，それまでの自分の知識・技能や見方・考え方が再構成されるような瞬間が訪れるときである。

なぜなら，暗黙知のＡには，認識の道具である身体に刻まれた身体的，実感的な論理・構造を捉える技能が蓄えられているからである。

説明をわかりやすくするために，暗黙知と論理・構造に関する概念知及び論理・構造を捉える技能の関係を示す。ａの部分には，論理・構造に関する概念知が含まれていると考えられる。つまり，“説明的文章の論理・構造は「はじめ・なか・おわり」という三部構成でできている”というような宣言的知識である。一方，“「おわり」で読者に自分の考えを納得してもらうためには「なか」で適切な事例を選び，順序を考えて配列するといいんだな”というような手続き的知識の獲得にも，他者の見方や考え方と自己のものとを対立させ，なんとか調整・統合しようとする努力や体験が重要であることが指摘されている（丸野 1991）。つまり，宣言的知識のみならず，手続き的知識の獲得にも他者との関わりにおける感情的経験が重要になってくるのである。

したがって，目指すべき論理・構造を捉える技能も暗黙知Ａとａがせめぎ合い，その結果，生きて働く技能の育成が可能になると考えられる。

他者との関わりがメタ認知的活動を生み，さらに，そのメタ認知的活動が自分の中に内面化された課題を自分事として自覚させ，自分の既有知識や生活経験に働きかけて自己内対話を生成するような学びこそが大切なのである。

つまり，学びのプロセスにおいて，学習者の中に他者との関わりにより引き起こされる葛藤により，他者を内面化し，メタ認知的活動が活性化した状況を引き起こすことが重要なのである。

教科教育におけるメタ認知研究は，メタ認知的活動であるモニタリングとコントロールの機能がとりたてられ，その有効性が強調されてきたきらいがある。しかし，メタ認知的活動は，メタ認知的経験（ここでいう葛藤…河野注）によって，引き起こされるものである。したがって，どのようなメタ認知的経験によって，メタ認知的活動が活性化され，メタ認知的知識が再構成されていくのかを究明しなければ，適切にメタ認知能力を育成することも，活用することもできない。その点，ここで提案した「メタ認知の内面化モデル」は，他者との関わりにおいて学習者の内面に葛藤が生み出されたとき，メタ認知的活動が活性化され，メタ認知的知識が再構成されることを明らかにした。

さらに，メタ認知の内面化モデルでは，暗黙知の理論を導入することによって，説明的文章の学習指導で育てるべき知識は暗黙知のＡを背景にもったａとして身体的，実感的な知識であることを明らかにした。

5 「くらしと絵文字」の実践事例

以下，「くらしと絵文字」の実践事例をもとにさらに詳しく説明する。

まず，学習者の側から学習を進めるために，生活経験の中から絵文字に関する経験を想起させる。すると，絵文字は便利だという経験を想起する学習者とともに，絵文字が必ずしも誰に対してもわかりやすく，意味がわかるものではないという経験を想起する学習者も出てくる。

次に，筆者の説明文「くらしと絵文字」に出会う。そして，学習課題「筆者の主張に納得できるか？」が学習者の側からの問いとして設定される。すると，筆者の認識のありようを検討すべく学習者の中で課題が機能し始める。このとき，絵文字は便利だという経験を想起した学習者(a)の中では，「筆者の主張に納得できる」という安定した形で学習が進められる。一方，絵文字が必ずしも誰に対してもわかりやすく，意味がわかるものではないという経験を想起した別の学習者(b)の中では，「第一の特長，第三の特長の絵文字の事例はわかるけれども，第二の特長であるアメリカの動物園の事例や迷子の事例は主張を言うために必要な事例だろうか。わからないなあ」「自分の経験からは絵文字がわかりにくくて役に立たなかったことがある。これはどういうことだろう」というようにメタ認知的活動が活性化する。

ここで，教師は，筆者の認識のありようについて意見を交流し合う場を設ける。そして，学習者(a)の意見に対して，学習者(b)が意見を述べる。意見を述べることによって，学習者(b)の中ではさらに筆者の主張に対して納得できない思いが明確になっていく。その結果，学習者(b)の中で，課題をめぐって内面化された学習者(a)の考えとの双方向の揺らぎが活発化する。また，筆者の主張を受け入れていた学習者(a)は，学習者(b)の考えが内面化されることによって，「どうして学習者(b)は筆者の考えに納得できないのだろう。私は安易にわかったつもりだったけれども，はたして２つ目の特長の事例はみんなに絵文字が便利だと納得してもらえる事例になっていると本当に言えるのだろうか」とメタ認知的活動が機能する。そして，学習者(a)の中でも自分の考えと学習者(b)との双方向の揺らぎが活発化される。つまり，学習者(a)は，これまで思ってもいなかった絵文字の欠点を指摘されたことによって，異質な考えである学習者(b)の考えが自己の中に入り込み，メタ認知的活動が活発に機能し，それを契機に自らの生活経験へ向けての揺らぎが生じ始めるのである。

このとき，学習者(b)が放射能注意の絵文字を提示し，その意味をみんなに尋ねた。すると，本来の意味とは全く異なる別の解釈をする学習者が続出し，一つの絵文字が多義的に受け取られることの危険性が顕わとなった。こうした反応を受けて，学習者(b)はさらに，絵文字の良さばかりを述べる筆者の見方を問題にし，批判する。この絵文字が，放射能注意という自分の命にも関わる問題であり，かつての茨城で起きた臨界事故の既有知識も手伝って，学習者(b)の発言は，学習者(a)の内面に〈他者〉として立ち上がった。

こうして，学習者(a)の内面では，これまでの生活経験で身体に刻まれた具体的，実感的な命に関する危機感がわき起こり，突き上げるような揺らぎを生じさせることになる。一方，学習者(b)は，さらに自らの内なる不安感が暗黙知を刺激し，揺らぎを促進させることになる。

以上，「批評読みとその交流」は，学習者の内部で他者の異質な考えを強烈に意識づけることとなり，その結果，〈他者〉が立ち上がり，メタ認知的活動が活性化され，それを契機に，生活経験を引き出させながら揺らぎを引き起こす働きをする。

暗黙知を用いた「メタ認知の内面化モデル」により，メタ認知能力の育成にとって重要なのは，課題解決へ向けてのメタ認知的活動を契機に，課題が学習者の暗黙知のＡへと向かい，さらに，Ａから課題へと揺さぶりが生じる過程であるということが明らかとなった。つまり，メタ認知的知識を育成するときに必要なメタ認知的経験とは，暗黙知のＡの部分にある生活経験などによる具体的，実感的な身体的知識を揺さぶるような葛藤である。

「根拠・理由・主張の３点セット」の理由づけにおいて生活経験を引き出す学習を学習者たちが自分のものとして行っていくと，こうした葛藤が子どもたちの中に引き出されることになるのである。

こうした「他者の身体」の働きによって，〈わたし〉の感性を伴った身体に揺らぎを起こす働きを契機として，私たちに〈他者〉が現前するのだと考える。そして，この〈他者〉との〈対話〉が〈わたし〉の身体に食い込むほど揺らぎは大きくなり，〈わたし〉の身体を根底から感性を伴って揺るがせることになる。この揺らぎを受け止め，さらに，自らの経験や感性を伴った実感としての知識を形成する働きを担うのが「身体を通した読み」ということになる。

「身体を通した読み」は，身体的な体験を基盤にした読みのことである。こうした身体的な体験を基盤にした読みは，偶発的に起こる場合もあるが，教師のデザイン力，さらには，論理的なコミュニケーションのツールである「根拠・理由・主張の３点セット」の「理由づけ」に生活経験を用いることによっても現出することが実践的に明らかになってきたのである。

本書の実践事例の中でも，こうした学びが展開されているので，ぜひ注目していただきたい。

なお，本書に掲載することはできなかったが，熊本市立本庄小学校の田畑浩二先生（現・熊本市国語教育研究会研究部長）は熊本市立画図小学校在任当時，熊本市教育委員会の研究発表校として６年生「『鳥獣戯画』を読む」の授業づくりにおいて，子どもたちが活発に「３点セット」を活用し，他者との関わりを通して，理由づけに生活経験を引き出した深い学びづくりを実現されていたことが鮮明に思い出される。本書に掲載されている馬原大介先生（昨年まで熊本県国語教育研究会研究部長，本年度から熊本市国語教育研究会事務局長）や田邉友弥先生（平成29年度まで熊本市国語教育研究会研究部長，現・熊本県国語教育研究会企画部長）ともども，熊本県の国語教育界の中核として，子どもの側からの対話のある授業づくりに「３点セット」の活用を実現してくれている。これからも実践者の側からのさまざまな創意工夫によって，「３点セット」による学びがますます進化していくことを期待したい。

【注】

⑴本書では，認知心理学の「読解は，読み手が文章を読み，既有知識を使って文章についての解釈を構成する活動である」という既有知識の再構成に着目する。

⑵この既有知識の重要性は，河野順子（1996）『対話による説明的文章セット教材の学習指導』（pp.19-24，明治図書）を参照。

⑶「読むために書く」という先行実践研究は，河野順子（2006）『〈対話〉による説明的文章の学習指導―メタ認知の内面化の理論提案を中心に―』（風間書房），杉

本典子（2014）「筆者の考えに納得するか～『根拠』と『理由』で読み深める～」（鶴田清司・河野順子『論理的思考力・表現力を育てる言語活動のデザイン　小学校編』明治図書）を参照。

⑷「メタ認知の内面化モデル」については，河野順子（2006）『〈対話〉による説明的文章の学習指導―メタ認知の内面化の理論提案を中心に―』（風間書房）を参照。

⑸「批評よみとその交流」については，河野順子（2006）『〈対話〉による説明的文章の学習指導―メタ認知の内面化の理論提案を中心に―』（風間書房）及び河野順子編著（2017）『質の高い対話で深い学びを引き出す　小学校国語科「批評読みとその交流」の授業づくり』（明治図書）を参照。

⑹これについては，河野順子（2006）『〈対話〉による説明的文章の学習指導―メタ認知の内面化の理論提案を中心に―』（風間書房）を参照。

【引用・参考文献】

・河野順子（1996）『対話による説明的文章セット教材の学習指導』明治図書

・河野順子（2006）『〈対話〉による説明的文章の学習指導―メタ認知の内面化の理論提案を中心に―』風間書房

・河野順子・熊本大学教育学部附属小学校編（2013）『言語活動を支える論理的思考力・表現力の育成―各教科の言語活動に「根拠」「理由づけ」「主張」の三点セットを用いた学習指導の提案―』渓水社

・河野順子編著（2017）『質の高い対話で深い学びを引き出す　小学校国語科「批評読みとその交流」の授業づくり』明治図書

・佐藤学（1995）「学びの対話的実践へ」佐伯胖・藤田英典・佐藤学編『学びへの誘い』東京大学出版会

・三宮真智子（2008）『メタ認知―学習力を支える高次認知機能―』北大路書房

・鶴田清司・河野順子編著（2014）『論理的思考力・表現力を育てる言語活動のデザイン　小学校編』明治図書

・鶴田清司（2017）『授業で使える！論理的思考力・表現力を育てる三角ロジック―根拠・理由・主張の３点セット―』図書文化

・マイケル・ポラニー・佐藤敬三訳（1980）『暗黙知の次元―言語から非言語へ―』紀伊國屋書店

・丸野俊一（1991）「社会的相互交渉による手続き的知識の改善と“自己 - 他者”視点の分析・獲得」『発達心理学研究』第１巻第２号 , 日本発達心理学会 ,pp.116-127

・鷲田清一（1999）『「聴く」ことの力―臨床哲学試論―』阪急コミュニケーションズ

（河野順子）

第3章 「根拠・理由・主張の３点セット」を活用した授業づくり

第１節 『生き物かくれんぼ図鑑』を作って，図書室の利用者をふやそう

■「うみのかくれんぼ」（小学校１年）

１　学習材の内容

学習材「うみのかくれんぼ」は，海の生き物がどこで，どのように身を隠し，自らの命を守っているかについて解き明かした説明的文章である。

資料１は，「うみのかくれんぼ」の文章構造を表している。筆者は事例Ⅰ：はまぐり・事例Ⅱ：たこ・事例Ⅲ：もくずしょいを事例として挙げており，それぞれの「かくれんぼ」について「❶隠れる場所」「❷体の特徴」「❸隠れ方」という３文によって説明している。**「❶隠れる場所」と「❷体の特徴」の２つの文が，なぜそのような「❸隠れ方」ができるのかを説明する「理由づけ」の役割を担っている。**

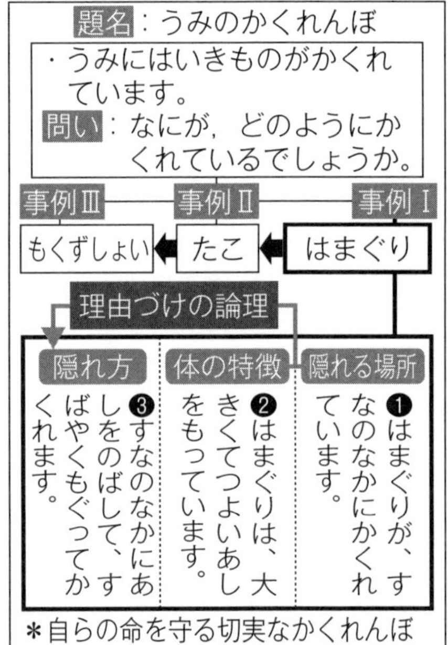

資料１　学習材の文章構造

この筆者の用いている論理に出合わせ，子どもたちの「理由づけの論理を捉えて読む力」を高めることにこそ，学習材「うみのかくれんぼ」を用いて学ぶ価値があると考える。また，論理的に読む力を高めながら，**海の生き物たちが，自らの命を守る切実な「かくれんぼ」をしているという生き物の尊さ，素晴らしさ，面白さにも出合わせたい。**

2 単元の目標

男子18名女子17名，計35名の明るく元気で，何事にも一生懸命に取り組めるクラスである。互いの思いや考えを「聴く」ことを大切にしており，友達との対話やクラス全体での話し合い活動を楽しむことができる。国語科の「読むこと」の学習では「ここに，○○って書いてありますよね？」というように，根拠となる言葉や叙述を明らかにしながら発表・説明する子どもが多い。**一方で，学習材の言葉や叙述を述べるに留まり，「知っていること（既有知識）や生活経験から筋道立てて理由づけする力」に課題がある。**そのため，根拠・理由・主張を明らかにした対話活動を行い，説得力のある話し方を身につけていく。また，子どもたちは，これまでの説明的文章を読む学習において，問いと答えに着目して読む力や，大事な言葉を考えながら読む力，順序に気をつけて読む力等を高めてきている。本単元では，「根拠・理由・主張の３点セット」を意識させた話し合いを通して，**「理由づけの論理を捉えて読む力」も育てていきたい。**

「知っていることや生活経験から筋道立てて理由づけする力」「理由づけの論理を捉えて読む力」，この２つの力を高めていくために，本単元では，主に３つの手立てを取り入れていく。

まず，単元の中に，既有の体験を想起する活動の設定を行う。具体的には，「はまぐり」の事例を読解する際に，砂場遊びや穴掘りの体験を想起できるような活動を設定する。そうすることで，自分たちの砂場での穴掘りと，「はまぐり」の穴掘りを比較することができ，問いをもったり自分なりの読みを形成したりすることができると考える。しかし，昨今の子どもたちは，「外遊び」の体験に大きな“差”がある。本学級においても「外遊び」体験が希薄な子どもは少なくない。**そこで，生活科の学習の際に，「砂場で穴を掘る体験」を位置づけ，共通の生活経験を保障していく。その共通の生活経験を想起する活動を設定し，知っていることや生活経験から筋道立てて理由**

づけできるようにしていく。

次に，動画教材の活用を行う。「はまぐり」が「❸素早く潜って（隠れ方）」隠れることができるのは，「❷強くて大きな足（体の特徴）」で「❶砂（隠れる場所）」を掘ることができるからである。この「理由づけの論理」を捉える学びを創造するためには，子どもたちの内面に「なぜ，はまぐりは素早く潜ることができるのだろうか」という切実な課題意識を喚起する必要がある。**そこで，先述したように，「砂場で穴を掘る体験」という共通の生活経験を想起した後に，「はまぐり」が実際に砂に潜る動画を視聴する活動を設定する。自分たちの穴掘りと「はまぐり」の穴掘りの違いから，「なぜ，はまぐりは素早く潜ることができるのだろうか」という切実な課題意識を喚起していく。**

さらに，「なる」ことの理論を援用し，「たこ」や「もくずしょい」になりきって対話する活動の設定を行う。この時期の子どもたちは，何かになりきったり演じたりする天才である。**そこで，事例として登場する海の生き物になりきり，「『たこ』さんは，どんなかくれんぼをしているの？」「『もくずしょい』さんは，隠れるときに何をつかうの？」というように対話する活動を設定する。互いに質問し合う対話を行う中で，「❸隠れ方」を説明するために，必然的に「❶隠れる場所」と「❷体の特徴」の２つの文に着目して，「理由づけ」を行っていくと考える。**

3　指導計画

第０次　４か月前（６月）　生活科「砂遊び」の学習（共通の生活経験）

第１次

第１時

①学校図書館の司書教諭から「図書館の利用者を増やしてほしい」との依頼を受ける。

②「生き物かくれんぼカード」を作って，学校図書館に展示し，利用者

数を増やそうという目標を立てる。

第２時　ハナカマキリの「生き物かくれんぼカード」を試しに作成し，課題を整理する。

→「カード」を作成するためには，どのように図鑑や科学的な本を読めばよいのだろうか。

第２次

第３時　なぜ，はまぐりがすばやく潜ることができるかについて話し合う。

→**動画教材の活用・既有の体験を想起する活動の設定**

→理由づけの論理を捉えて読む力の育成

第４時　たこともくずしょいにはどのような違いがあるかについて話し合う。

→**「たこ」や「もくずしょい」になりきって対話する活動**

第３次

第５時　ハナカマキリのカードを見直し，修正する。

第６・７時　自分の選んだ生き物のカードを作成する。

第８時　単元の振り返り（自己評価・相互評価）

4　授業の実際（第３・４時）

第３時「はまぐり」の「❸隠れ方」について問いをもつ

先述したように，「はまぐり」が「❸素早く潜って（隠れ方）」隠れることができるのは，「❷強くて大きな足（体の特徴）」で「❶砂（隠れる場所）」を掘ることができるからである。この「理由づけの論理」を捉える学びを創造するためには，**子どもたちの内面に「なぜ，はまぐりは素早く潜ることができるのだろうか」という切実な課題意識を喚起する必要がある。**そこで，「はまぐり」が実際に砂地に潜って隠れる動画教材を視聴する活動を行った。生活科の砂遊びで穴を掘った既有体験との比較から，はまぐりの「❸隠れ方」に対する切実な「問い」を生みだすことが可能となった。その場面における実際の対話活動を紹介する。

資料２　生活科砂遊び

教師　（生活科砂遊びの際の写真を見せて）覚えてますか？（**資料２**）

C　穴を開けた。

C　手とか足とかスコップで穴掘ったけど，それでも，まだ，人が入るぐらいの穴が開けられなかった……

教師　（300秒と板書する）300秒掘っても，掘れなかった。じゃあ，気になるのは？

C　はまぐり!!　はまぐりは何秒？

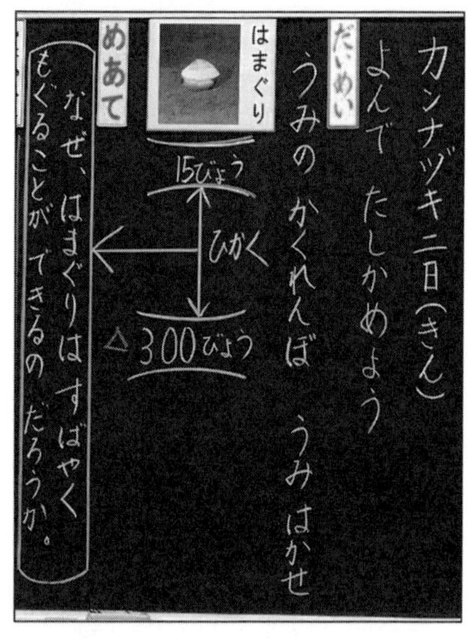

資料３　板書の実際

教師　はまぐりは，どれくらいの速さで潜るのでしょうか？　見てみましょう。（はまぐりが砂に潜る実際の動画を視聴する）

C　速い！

C　15秒!?

C　ええ!?　速すぎるし。

教師　言いたいことある人？

あさひ　僕たちはスコップも使ったのに，はまぐりは足だけで掘っているのに15秒で……

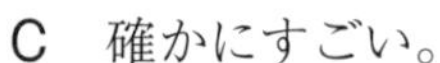

C　確かにすごい。

教師　今，君たちは，はまぐりと自分たちを比べたんだね。教科書でいうと，どの言葉かな？

C　「すばやく」「もぐって」

教師　今日のめあては？

C　なぜ，はまぐりは素早く潜ることができるのだろうか。

第３時「はまぐり」の「❸隠れ方」について「❶隠れる場所」に着目して「理由づけ」の論理を捉える

子どもたちは，「はまぐり」が「❸素早く潜って（隠れ方）」隠れることができるのは，「❷強くて大きな足（体の特徴）」があるからだと捉えていった。しかし，「❶砂（隠れる場所）」の叙述に着目して，「はまぐり」を捉えることができていない。そこで，「『場所』の段落は関係ないのか？」と発問した。

教師　今日みなさんは，こっち（❷体の特徴）に注目していますよね？　ということは，「❶隠れる場所」のお部屋は，もう関係ないということですか？

C　ある！　ある！

教師　ちょっと待ってね。あるぞって人？（20名程が挙手）「❶隠れる場所」のお部屋は関係ないぞって人？（３～４名が挙手）ちょっと，悩んでますって人？（十数名が挙手）

C　わからない。わからなくなってきた。悩んじゃう。

教師　悩んでいる人がいるなら，解決しよう。

ひなた　発表します。場所の中では「砂の中」が大事だと思う。

はるき　そっか。やわらかい。だってさあ，砂じゃなかったら，砂じゃなかったら……

教師　大事だね。「もし～だったら」って考えたでしょ？　大事な考え方だね。はい，もし砂じゃなかったら？　みんなも考えてみてよ？

はるき　海のやわらかい砂だったら守れるけど。砂でよかった。

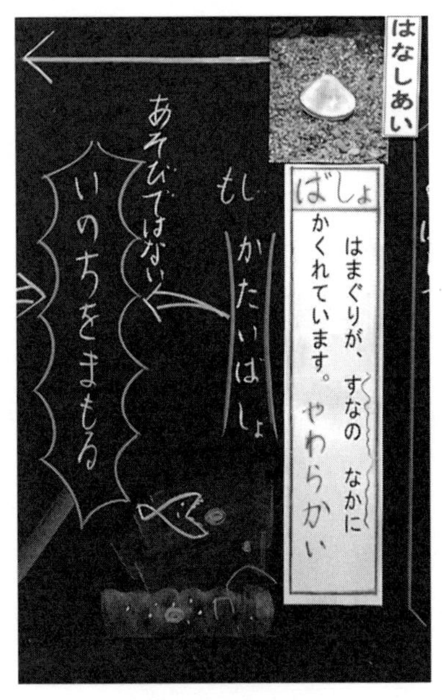

資料４　板書の実際

ゆりこ　もし，石？だったら，潜りづらいから。

C　そっかあ！

みさき　質問します。じゃあ，やわらかい場所がいいってこと？

ゆりこ　（うなずく）

かいと　（黒板の前に出る）もし，砂じゃなくて全部海だったら，なんか，他の魚に食べられていたかもしれない（教師が**資料4**のように板書する）。食べられちゃう。

C　逆に，上だったら鳥に食べられちゃうかもしれない。

このように，子どもたちは「もし～だったら」と思考しながら，「❶隠れる場所」が「❸隠れ方」の「理由づけ」の役割をしていることに気づいていったのである。

第4時「たこ」と「もくずしょい」になりきった対話活動（「理由づけの論理」を活用するところ）

第4時において，子どもたちは「『たこ』と『もくずしょい』の隠れ方には，どのような違いがあるのだろうか」という課題意識をもった。この課題を解決するために，「たこ」と「もくずしょい」に「なる」ことによる対話活動を設定した。「僕（もくずしょい）は，変身して隠れるよ」「あなた（たこ）は，どうやって隠れているの？」というように，「たこ」と「もくずしょい」それぞれになりきった子ども同士で，互いに質問したり答えたりする対話活動である。その実際を記述する。

たこC　僕は，体の色を変えてね，岩やサンゴになりきって隠れることができるんだよ。すごいでしょ。

もくずしょいC　私は，はさみを使って，変身する。

たこC　体を変えられるんですか？

もくずしょいC　体は変えられないけど，服みたいに，近くの，近くの岩から海藻を切って，体につけて変身します。

たこC　（僕たちは）全然違うね。違うね，隠れ方。

もくずしょいC　はさみを使ったりするのもすごいでしょ？　海藻を使ったりするのも……

たこC　うん。

教師　たこさんは，どうして「うみのそこ」にいるの？　海の中とか，海の上の方とかではいけないの？

たこC　だってね，海の底じゃないと，変身するものがないでしょ。岩とかサンゴとか，真似するものがないと……。だから，目もよくなくちゃいけないの。

教師　お二人さん，同じところもあるの？

もくずしょいC　えっと……。別のもの……

たこC　別のものになるってことは一緒。

もくずしょいC　あと，昨日のはまぐりと同じで，命がけのかくれんぼ。食べられちゃうから。命がけなのはみんな一緒。

第４時「たこ」と「もくずしょい」になりきった対話活動（学習材を批評・修正する）

もくずしょいC　たこさんは，どうして体の色を変えられるのですか？

たこC　……

もくずしょいC　わからない？　ちょっと難しい？

教師　どうして変えられるかまでは，書いていないもんね。他の友達にも，困ったことがなかったか聞いてみよう。

教師　みんなちょっといい？　人間に戻ってくださいね。今，ここのペアで，教科書に書いてないから困ったよってことがあったのね。他のみんなは「おかしいなあ。困ったなあ」ってことはなかったかな？

ゆうき　はい。たこは，色だけじゃなくて，なんて言えばいいんだろう？　つぶつぶ？　写真とか図鑑とかで知ってるんだけど，たこは，岩のつぶつぶまで変身できるんだけど，でも，教科書には「からだのいろをかえる」としか書いてませんよね。

C　はい。本当だ!!　書いてない。書いてない。

ゆうき　だから，「からだのいろをかえて，つぶつぶをつくることができます」って書いた方がいいと思います。

資料５　修正する様子

教師　すごいね！　筆者に付け加えたのね。書いてみて（**資料５**）。

けんじ　先生，題名も「かくれんぼ」じゃない方がいい。遊びじゃないから。「かくれんぼ」は遊びみたいな感じ。

このように，子どもたちは「なりきって対話する活動」を契機に，筆者の説明の不十分さに気づいていった。さらに，「知っていること」をもとに，学習材を修正していったのである。

5　授業を振り返って

資料６は，本単元の第６・７時において，なおとという児童が書いた「生き物かくれんぼカード（イソカサゴ）」である。先述したように，本教材文では２文目に「❷体の特徴」が述べられている。しかし，なおとの２文目には，「イソカサゴは，煙突のような形のカイメンという生き物の中にじっとしていれば獲物に気づかれないと知っていたのです」と記述されている。

なおとが「❷体の特徴」ではなく，教材文とは異なる「知恵」について記述した理由は，図鑑を読み，イソカサゴの「体の特徴」と「隠れ方」に関係性がないことを捉えたからである。このことから，なおとに「理由づけの論理を捉えて読む力」が育成されていると推察することができる。

第３時，子どもたちは，共通の生活経験をもとに，はまぐりが素早く潜ることができる理由について切実な問いをもった。そして，「もし，小さくて弱い足だったら」「もし，砂場でなかったら」と思考することによって，「はまぐりが素早く隠れることができるのは，強くて大きな足で砂場を掘ることができるからだ」と，「理由づけの論理」を捉えていった。さらに，第４時では「たこ」と「もくずしょい」になりきって対話する活動に取り組んでいった。対話の中で，知っていることや生活経験から理由づけしながら，筆者の述べ方を批評・修正する学びが生まれた。このようなプロセスを経て，論理的に読む力（理由づけの論理を捉えながら読む力）や筋道立てて理由づけする力が育成されていったと考える。

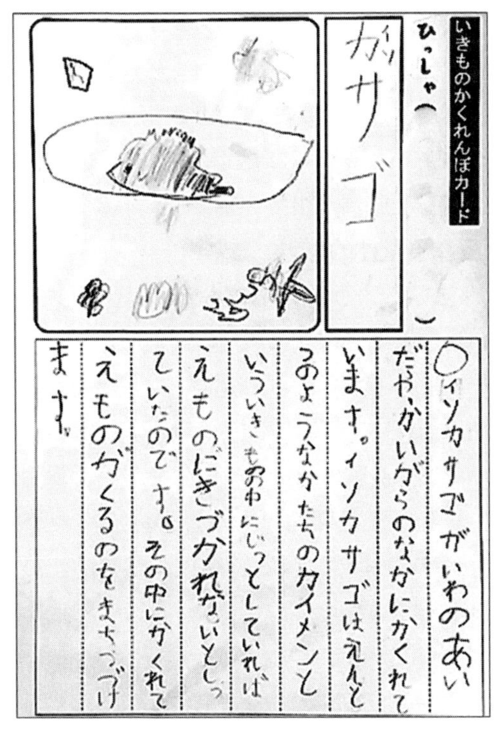

資料６　なおとの書いたカード

（原之園翔吾）

この授業のポイント

小学校１年生としては非常にハイレベルな実践である。実践校が国立大学の附属小学校という事情もあろうが，それにしても高学年並みの学びが展開している。

特筆すべき点が３つある。

①第０次における生活経験づくり

本単元の４か月前，生活科の時間に「砂場で穴を掘る体験」をしたことで，「はまぐり」の事例を読解する際に，自分たちの体験と「はまぐり」の穴掘りを比べることができるようにしたことが一つ目の特徴として挙げられる。原之園翔吾先生は子どもたちの生活経験の差を考慮して，こうした共通の体験づくりをしたのである。その効果は明白で，子どもたちからは「僕たちはスコップも使ったのに，はまぐりは足だけで掘っているのに15秒で……」「確かにすごい」といった発言が出ている。

②子どもたちに見られる条件的思考

原之園先生も述べているように，子どもたちは①の共通の生活経験をもとに，「はまぐり」が素早く潜ることができる理由について「切実な問い」をもった。そして，「もし，小さくて弱い足だったら」「もし，砂場でなかったら」と思考することによって，「はまぐりが素早く隠れることができるのは，強くて大きな足で砂場を掘ることができるからだ」と理由づけしていった。

「もし～だったら」という条件的思考は説得力を高めるための論理的思考として非常に有効である。すでに西郷竹彦氏の教育的認識論でも重視されていて，小学校中学年段階に位置づけられている。１年生の段階で本実践のような学びが成立していることは驚きである。

③第４時における対話活動の効果

第４時では「たこ」と「もくずしょい」になりきって対話する活動に取り組んでいることも注目すべきである。この対話の中で，既有知識や生活経験に基づいて理由づけをしながら，次のように筆者の述べ方を批評する学びが生まれている。

> たこは，岩のつぶつぶまで変身できるんだけど，でも，教科書には「からだのいろをかえる」としか書いてませんよね。……だから，「からだのいろをかえて，つぶつぶをつくることができます」って書いた方がいいと思います。……題名も「かくれんぼ」じゃない方がいい。遊びじゃないから。「かくれんぼ」は遊びみたいな感じ。

特に「かくれんぼ」という題名（擬人法）が適切ではないという指摘は，自分の生活経験と結びつけて理由づけていて誠に素晴らしい。

なお，こうした対話活動の先行実践としては，河野順子（2006）『〈対話〉による説明的文章の学習指導―メタ認知の内面化の理論提案を中心に―』（風間書房）などがある。

本実践は，かつて一世を風靡した「単元を貫く言語活動」という授業形態・過程をとっている。ただし，教師の一方的な指示でやらせるのではなく，子どもにとっての学びの必然性を生み出すような工夫をしている。学校図書館の司書教諭からの，「生き物かくれんぼ図鑑（カード）」を作って展示し，図書館利用者を増やすために尽力してほしいという依頼に応えるというものである。

しかし，高学年ではともかくとして，１年生にとって図鑑を作るという目的のために読むということが必要かどうかは検討の余地があるだろう。まずは教材文そのものをストレートに読むことが基本である。それを通して，「面白かった」「他の生き物についても調べてみたい」という子どもたちの感想が出てきたら，そこで第３次をデザインしていく方が自然な流れだと思われる。

（鶴田清司）

第２節
チロの気持ちを「ちゃんと」わかって伝える『チロちゃん絵本』を作ろう

■「おとうとねずみチロ」（小学校１年）

1　学習材の内容

「おとうとねずみチロ」（森山京）は，幼いながらも相手を思いやり，感謝を忘れないひたむきなチロの姿が深く心に残る作品である。

第一場面は，末っ子のため年上に同列に扱ってもらえないチロの悔しさ・不安が描かれており，この時期の子どもたちにとって共感しやすい内容となっている。

兄「チロのはないよ」
姉「そうよ。青いのと赤いのだけよ」
チロ「そんなことないよ。ぼくのもあるよ」

こうした三きょうだいのやりとりから，子どもたちはチロの不安を読み取りやすいだろう。子どもたちがチロになりきり，チロの置かれた状況を想起しながら自分の似たような経験を語り合うことを通して，チロの心情を具体的に想像することを大切にしたい。

「そうだったら，どうしよう」
「そうだ，いいことかんがえた」
「ぼくのこえがとんでった。おばあちゃんちへとんでった」
「ぼくにもチョッキ，あんでね」
「あ，しましまだ。だあいすき」
「あ，り，が，と，う」

本作品は，会話文が物語の展開の鍵となる。特に，作品中の会話文には，チロの気持ちの変容がよく表れている。会話文をきっかけに，その前後のチロの行動に目を向けることで，叙述をもとにチロの様子や行動の理由を想像しながら読むことができるであろう。

また，本作品には，「どんどん」「だんだん」「しましま」など，オノマトペや繰り返しの言葉などが何度も出てくる。オノマトペが多く活用されることは日本語の特徴であり，中でもリズムのよい繰り返しの言葉は場面をイメージしながら音読することに適している。

このような学習材の特徴を踏まえ，本単元ではチロの気持ちを具体的に想像しながら，音読で表現することを中心的な課題として設定する。

2　単元の目標

男子17名女子16名，計33名の明るいクラスである。子ども同士仲がよく，助け合う場面もよく見られる。授業中は，積極的に発言し自分の考えを述べることができる子が多い。また，友達の意見も好意的に受け止め，質問や意見を述べることもできる。ただ，自分の考えを伝えたい思いが先行するあまり，発言が話題からそれてしまって対話が深まらないことが課題としてあげられる。そのため，今後は根拠・理由・主張を明らかにした対話活動を行うことで，「どこからわかるのか」「なぜわかるのか」など叙述をもとにしてみんなで納得解を導き出す学びを目指す。これまでの学習では，「おおきなかぶ」でお話の大体を捉える学習を行い，「かいがら」で「じんぶつ」という言葉を知り，「サラダでげんき」で「ばめん」を学んでいる。対話については，根拠を見つける際に「しょうこ」という言葉を使いながら学習を進めてきた。この単元を通して，人物の様子や行動の理由を叙述から具体的に想像する力を育てていきたい。

本単元の「チロの気持ちを『ちゃんと』わかって伝える」という活動は，C⑵イ「読み聞かせを聞いたり物語などを読んだりして，内容や感想などを伝え合ったり，演じたりする」言語活動である。「チロの気持ちを『ちゃんと』わかって伝える」とは，作品の叙述・挿絵を手がかりとして，中心となる人物の表情・口調・様子などを具体的にイメージするとともに，行動の理由を想像して音読で表すことである。中心人物の様子や行動の理由を具体的に想像し，人物になりきって作品を楽しみながら音読する活動へとつなげたい。

その際，大切にしたいのが「根拠・理由・主張の３点セット」を活用した論理的な思考力・表現力である。低学年の子どもたちは，人物の様子や気持ちを感覚的に捉えることがある。そのため，伝えたい思いはあっても，曖昧な主張を繰り返したり，なんとなく根拠をあげたりするばかりで，相手に伝わるように筋道を立てて説明することは難しい。そこで，子どもたちが意見を交流する際，「どんなこと」（主張）を，「どこから」（根拠），「なぜ」（理由）思ったのか，必要に応じて教師が問い返して補完しながら対話を進めることを大切にした。特に主張においては，うまく言葉で表現できない場合，ジェスチャーも込みで伝えてよいことを子どもたちに伝えている。友達の動きを見てその様子を誰かが言語化し，出てきた言葉を「３点セット」の主張として吟味する中で新たな語彙の獲得につながると考えたからである。なお，前述の流れで，本単元でも根拠は「しょうこ」という言葉を使っている。

3　指導計画

第１次

第１時　教師の範読とAIの範読を聞き比べ，言語活動のイメージをもつ。初発の感想を書き，交流する。

第２時　学習課題を確かめ，学習計画を立てる。

第２次

第３時　本文を読み，登場人物と物語の大体の流れを捉える。

第４・５時　手紙が届いたときのチロの気持ちを，チロの言動をもとに考える。

第6・7時　おばあちゃんにチョッキをお願いするときのチロの気持ちを，チロの言動をもとに考える。

第8時　小包を開けたときのチロの気持ちを，チロの言動をもとに考える。（本時）

第9時　おばあちゃんにお礼を伝えるチロの気持ちを考える。

第3次

第10・11時　デジタル絵本「チロちゃん絵本」を作る。

第12時　単元の学習を振り返る。

4　授業の実際（第8時）

まず，前時の学習を振り返り，本時のめあてを確認した。

> チロが小包を開けたときの気持ちを考えよう。

それから本文を全体で音読し，小包を開けたときのチロの気持ちをどのように捉えたか可視化するため，シートにチロの気持ちを尻尾で表すよう指示し，学級全体で比較した。

思考を可視化したシートをもとに，なぜそのように考えたか問うことで，主張は同じでも，根拠や理由づけが異なるため対話が深まるだろうと考え，多くの子どもに発言を求めた。子どもたちには，「自分の考えを発表する際，どこから考えたか（根拠），似た経験はあるか（理由づけ）をはっきりさせると聞いている人も納得しやすいね」と助言した。発表の中で欠けている点は教師が問い返すことを大切にした。

子どもたちから出てきた発言は，こちらの想像を超えているものだった。本時の場面や前後の場面だけでなく，第一場面の手紙における叙述と本時の叙述を結びつけ，チロの心情に迫る発言が見られた。

次に，チロが小包を開けたときの嬉しかった気持ちを子どもたちが読み取っていった，実際の６つの対話活動を紹介する（(ア)(ウ)(ク)が教師の問い返し，(イ)(エ)(オ)(カ)(キ)(ケ)(コ)が子どもの経験をもとにした理由づけ）。

「大好き」と「だあいすき」

教師　しっぽが上がっているわけがある人。みさきくんどうぞ。

みさき　「あ，しましまだ。だあいすき」のとこ。

教師　なんでこれが大事なの。みんな普通に「だあいすき」って言う？

ゆい　うん，あの，なんか……

わたる　好きな色なら好きって言う。

教師　そうね，「好き」とか「大好き」とか言うね。でも，「大好き」じゃなくて「だあいすき」って書いてあるでしょ。

ゆい　あの，もしかしたら，大好きだと普通で，だあいすきだと，本当に嬉しいかわかる。

Ｃ複数　ああー。

わたる　だけど，普通って，どういうことかわかんないよ。

ゆい　普通っていつもとおんなじじゃんとか。

教師　違うような，違わないような。隣の人と話してごらん。

〈ペア対話〉

りょう　変わらないよね。

るか　私は違うと思うけど……

りょう　「あ」があるだけだよね。

るか　そうかなあ。

教師　りょうくんは変わらないと思うんだね。じゃあ今から友達の考えを聞いてみよう。はい，じゃあ違うと思う人，どう違うか教えて。

こうすけ　だあいすきの方が嬉しい気持ちが伝わる。

Ｃ複数　そうそう。

教師　どういうこと？

こうすけ　大好きだったらそのままで，だあいすきだったらもっと嬉しい感じがする。

教師　なんか，さっき手でしてたのを見せてくれないかな。

かずは　あ，なんかしてたよね。

こうすけ　大好きがこのくらい（胸の前で丸を描く）で，だあいすきがこんくらい①（体全体で丸を表現）。←動作化

C　ああ，うん。

かずは　わかるわかる。

教師　何がわかるの。

かずは　このくらいとこのくらい。←動作化

C複数　ふふふ。

わたる　大好きだとそのまま大好きで，だあいすきだと，大好きより，ばい大好き。

教師　そうなんだね。**みんな身近にだあいすきなものある？**(ア)

ゆい　**おかあさん**(イ)。

わたる　確かに。

「さっそくチョッキをきると……」

みき　「さっそくチョッキをきると」のところ。

C複数　ああ。

教師　**なんでそこなのかな。さっそくチョッキをきるっていうのがなんで大事なんだろう**(ウ)。

みき　さっそくてね，**普通にチョッキをきるとだと後からでもいいんだけどね，だあいすきだからね，さっそくね，きる**(エ)。

たいき　ああね。

わたる　**気に入ってる洋服**(オ)。

たいき　**新しい，あ，新しい服をもらってさっそくきるときだ**(カ)。

もか　**嬉しい。早くきたい**(キ)。

「赤と青のよこじまでした」

こういち　「赤と青のよこじまでした」が大事。

教師　どこに書いてあるかな。

C複数　51番（教材文の行数）

こういち　一場面のところで，赤と青って言ってて，でもその後にお兄ちゃんがチロのはないよって言ったけど，チロの分も言ったから，赤と青のよこじまが届いて，あ，しましまだ，だあいすきってなった。

教師　ちゃんとお願いしていたことが伝わったってことか。

「おかのてっぺんの木へかけのぼりました」

みつき　私は，「おかのてっぺんの木へかけのぼりました」が大事だと思う。

教師　「かけのぼりました」。えっと，何番？

C　54と55。

教師　なんで，「かけのぼりました」だと，嬉しい気持ちとつながるの？

みつき　30番と……

教師　30番とつなげてる？　30番はなんて書いてあったっけ。

C複数　「おかの上までのぼりました」

教師　そうだね，ここは「のぼりました」になってるね。でもこっちは。

C複数　「かけのぼりました」

教師　どう違うんだろう。

みつき　このときも尻尾が上になっていたから，54番とおんなじかなと思った。

教師　おんなじくらい嬉しいと。

C複数　うーん。（悩む様子）

教師　ペア対話しようか。

〈ペア対話〉

さやか　「かけのぼりました」は走って行くから，走ってのぼったんじゃないかなと思う。

教師　そっか，みんなはさ，普通にのぼるときと，走ってのぼるときって，どっちが嬉しいんだろう。

C　かけのぼりました。

教師　そんな経験ある？　嬉しくて走り出すような経験(ク)。

ひろし　ある。**サッカーでリフティングが３回以上できたとき**(ケ)。

C　あ，俺も。

教師　やったーって。

りか　誕生日のとき(コ)。

教師　じゃあ，走ってっていうのがやっぱり嬉しい。

C**複数**　うん。

「だあいすき」は誰に向けたものか

教師　ここまでいっぱいチロの嬉しかった気持ちのわけが出てきたんだけど。一つ聞いていいかな。さっき，チロの，おばあちゃんへの気持ちが伝わったんでしょ。チョッキがもらえてよかった，だあいすきだったってことかな。じゃあ，このだあいすきは，チョッキが大好きなんだね。

C　うん。え，あれ。

〈ペア対話〉

教師　はい，じゃあ教えてください。

かずは　しましま模様が大好き。

教師　ああ，しましまの模様が大好き。どう？

C　うん，そう。

C　同じでした。

教師　なんでしましま模様が大好きなんだろう。

かずは　あ，しましまだ，だあいすきって言ってる。

教師　他のものが好きって言ってる人もいたね。

かいと　チョッキを編んでくれたおばあちゃんが大好き。

教師　なんでそう思ったの？

かいと　チョッキを編んで，チロは嬉しくなって「とびはねると」って書いてあるから，チョッキをもらえるかなと思っておばあちゃんが大好きって。

C　ああー。

ゆい　だってね，最後におばあちゃんに「あ，り，が，と，う」って言ってるから。

わたる　おばあちゃんにお礼を言ってるんだ。

教師　そっかそっか。じゃあこの「だあいすき」っていうのは，チョッキもなんだよね。だけど，その先にいる……

C　おばあちゃん。

教師　そうだね，おばあちゃんだよね，おばあちゃんも大好きっていうのが大事なんだ。

りょうの変容

教師　りょうくんね，今日授業の途中でこの２つ（「大好き」と「だあいすき」）が出てきたとき，ああ，僕は変わらないと思うんだけどなあ，とつぶやいていたんですよ。でも，授業を通して考えたことがあるんだよね。みんなよく聞いとって。

りょう　僕は，大好きとだあいすきは変わらないと思ったけど，みんなの発表を聞いて変わると思った。

教師　りょうくん，ちなみにどう変わると思ったの？

りょう　だあいすきの方が，大好きよりも，嬉しい気持ちが伝わる。もっと嬉しい気持ちが伝わる。**【考えの変容】**

5　授業を振り返って

本時の目標は，『おばあちゃんからチョッキが届いたときのチロの気持ちについて，「大好き」と「だあいすき」の違いを話し合うことを通して，自分の考えをまとめることができる』である。本学級では，「根拠・理由・主張の３点セット」を子どもたちに浸透させるため「わけを話せばみんななっとく！　せっとくのハッピーセット」（図１）として教室に常時掲示し，対話の際に活用するよう指導してきた。

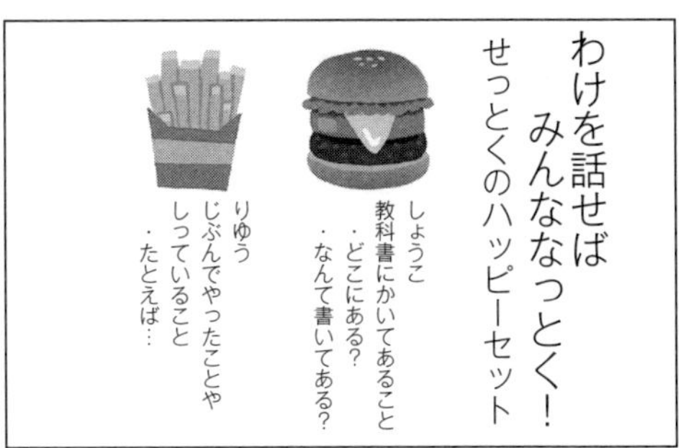

図１

本実践では，小包が届いたときのチロの気持ちを尻尾の角度で表し，そう考えた理由を，根拠を明らかにしながら伝え合う活動がメインとなった。「だあいすき」と言ったときのチロの気持ちを表現する際，語彙の少ない１年生では自分の考えを言葉で表現しづらいと考え，このような学習の流れにした。実践を振り返ると，尻尾にしたことで全員がチロの気持ちを上向きに捉え，そう考えた根拠を探すことができたのは成果だと感じた。また，①（p.67）のように動作化を伴いながら主張したことも，低学年の子どもたちにとっては学びを自覚する手立てになっただろう。一方で，主張を言語化していないため，お互いの考えが自分と同じか違うか曖昧になってしまい，尻尾の形へ子どもたちの興味が向いてしまったり，その後の対話が十分深まらなかったりしたことは大きな課題だ。

りょうは自分の意見にこだわりをもっており，一度考えを決めるとなかなか友達の意見を受け止めることが難しい。しかし本時では，学びの最後に自己の変容を振り返りにまとめることができた。授業後にどうして考えが変容したのかりょうに聞くと，わたるの「だあいすき」が「大好き」のばい（２倍）好きであるという発言，またそんな存在がゆいのいう「おかあさん」であることが自分の中で大きな納得解となったらしい。

子どもたち一人ひとりが言葉による見方・考え方を働かせ，自己の見方・考え方を広げ・深めていくうえで，「根拠・理由・主張の３点セット」は学びを〈わがこと〉とする価値あるツールであることを再確認できた。

（馬原大介）

この授業のポイント

馬原大介先生の授業は，文学教材の授業として大変オーソドックスで堅実な印象を受ける。また，小学校低学年における「根拠・理由・主張の３点セット」の学習指導のあり方を考えるとき学ぶところが多いものになっている。以下，大きく３点にわたって述べておきたい。

第一は，小包を開けたときのチロの気持ちをしっぽで表すという思考の可視化の工夫である。絵を描くという方法は，言語表現がまだ十分にできない低学年の子どもたちが自分の思いを伝えるうえで大変に有効な方法である。多くの子どもたちはチロの喜んでいる様子や気持ちを想像して，しっぽを上向きに書いている（中にはしっぽの形に興味が向いてしまった子どももいたようだが，低学年ではそういうことはよく起こり得ることである)。そして，それをもとに「なぜそのように考えたか」を問うことで，さまざまな意見が出てきて，対話が生まれていく。馬原先生も述べているように，「根拠・理由・主張の３点セット」を使うと，「主張は同じでも根拠や理由づけが異なるために対話が深まる」と考えられる。「自分の考えを発表する際，どこから考えたか（根拠)，似た経験はあるか（理由づけ）をはっきりさせると聞いている人も納得しやすいね」といった助言や発表の中で欠けている点についての問い返しも適切である。

第二は，表現の細部にこだわって，丁寧に読解している点である。その好例として，「大好き」と「だあいすき」の比べ読みがあげられる。

「みんな普通に『だあいすき』って言う？」「『大好き』じゃなくて『だあいすき』って書いてあるでしょ」という教師の問いかけに対して，子どもたちは，「大好きだと普通で，だあいすきだと，本当に嬉しいかわかる」「大好きだったらそのままで，だあいすきだったらもっと嬉しい感じがする」と的確に答えている。こうすけは，その違いを動作で表して，他の子どもたちも納得し，「大好きだとそのまま大好きで，だあいすきだと，大好きより，ばい大好き」という発言が出ている。さらに，生活経験とつなげて理解を深めるために，「みんな身近にだあいすきなものある？」と問いかけたところ，「おかあさん」という発言が出ている。

このような対話活動が行われたからこそ，ふだんは「自分の意見にこだわりをもっており，一度考えを決めるとなかなか友達の意見を受け止めることが難しい」と言われるりょうが，「だあいすきの方が，大好きよりも，嬉しい気持ちが伝わる。もっと嬉しい気持ちが伝わる」と自分の意見を変えたのだろう。これは馬原先生にとってはとても大きな出来事であったことが「５　授業を振り返って」からも読み取れる。改めて「根拠・理由・主張の３点セット」を活用した対話活動の有効性が認識できる。

これと同様に，「おかのてっぺんの木へかけのぼりました」の場面で，「かけのぼりました」と「のぼりました」の比べ読みをしている点も注目される。子どもたちは「かけのぼりました」の方が嬉しい気持ちが強いことを読み取っている。また，ここでも授業者は嬉しくて走り出すような経験があるかどうかを問いかけて，子どもたちの生活経験とつなげるようにしている。ひろしが「サッカーでリフティングが３回以上できたとき」と発言し，他の子どもも共感しているが，まさに身近な出来事における実感であろう。

最後に，国語の教室環境づくりという点でも参考になる点がある。それは「根拠・理由・主張の３点セット」を子どもたちに浸透させるために，「わけを話せばみんななっとく！　せっとくのハッピーセット」として教室に常時掲示して活用していることである。「根拠」を「しょうこ」と言い換えて，「教科書にかいてあること」と説明し，「理由」を「じぶんでやったことやしっていること」と説明しているのも適切である。後述する雨宮怜奈先生の教室（３年生）でも「話し方の達人」という掲示物を黒板の横に貼って，授業中にいつでもすぐに参照できるようにしている。「根拠・理由・主張の３点セット」はこうした日常的・継続的な指導によって身についていくのである。このような教室の学習環境の整備ということも教師の大切な仕事である。

（鶴田清司）

第３節

スイミー版　こんなときさみならどうする？

—体験と結びつけて実感を伴った読みを創造する—

■「スイミー」「スーホの白い馬」（小学校２年）

1　学習材の内容

「スイミー」（レオ＝レオニ）は，主人公であるスイミーの心情や行動を読み取ることを通して，「孤独と仲間」「個性と協力」「怖れと勇気」などさまざまなテーマについて考えることができる物語である。

物語の構造としては，主人公であるスイミーの視点に寄り添いながら「きょうだいの死」「すばらしいものとの出会い」「似た魚との出会い」「まぐろを追い払う」という出来事が時間の順序で描かれており，子どもたちはスイミーに同化しながら読み進めていくことが考えられる。

その一方で，「おもしろいものを見るたびに，スイミーは，だんだん元気をとりもどした」という気持ちに安易に共感したり，「スイミーは言った。『ぼくが，目になろう』」という言動に対して，スイミーの覚悟を理解しないで表面的な感想をもったりすることが考えられる。そこでスイミーに起こる出来事を他人事ではなく，自分事として捉えるような単元づくりをしていきたい。

2　単元の目標

男子18名，女子18名，計36名の学習に対して意欲的なクラスである。友達の考えに耳を傾け，考えのよさに気づいたり，自分の考えを柔軟につくりかえたりすることのできる集団である。さらに，国語の学習においては，登場人物の言動や行動の理由について，自分の生活体験や既有知識と関連づけながら具体的に想像する姿も見られる。

しかし，前学年の学習材「ゆうやけ」の実践では，文章の内容と自分の体験を結びつけて感想をもつという学習課題で，関連づけた体験が妥当でないものが散見された。

例えば，きつねが友達から褒められ，照れ隠しとして「うん，ちょっとおっきいけど」と言ったことに対して「私も，靴を新しく買ってもらったときに，『ちょっと大きいな』と思ったことがある。きつねも同じように思ったと思う」という内容の感想を書いている子どもが数名いた。明らかに短絡的な体験のつなげ方をしており，きつねの状況や気持ちに寄り添えていないことがわかる。

つまり，「根拠・理由・主張の３点セット」の中で，自分の主張を伝えるための理由づけが妥当でなかったり，根拠をもとにしながら登場人物の行動やその理由についての解釈が十分でなかったりするという問題である。

そこで，登場人物の行動の様子やその理由を具体的に想像する「精査・解釈」と文章の内容と自分の体験とを結びつけて，感想をもつ「考えの形成」を往還するような単元づくりを構想する必要性があると考えた。

本単元では，「スイミー版 こんなとききみならどうする？」をつくるという言語活動を設定する。『こんなとききみならどうする？』は五味太郎の絵本であり，さまざまな状況の中で，どのような判断をするのか読み手に問いかける内容になっている。この絵本をもとに，スイミーの行動や気持ちに対して，「こんなとき，きみならどうするか（どう思うか）」とスイミーになりきって問い，各自が答えるという言語活動である。

子どもたちは，「どうするか（どう思うか）」を判断する中で，その理由づけとして既有知識や生活体験を引き出していくことが期待できる。さらに，「こんなとき」がどのような状況なのか根拠をもとに具体的に想像していくことも考えられる。こうして，「根拠・理由・主張の３点セット」を駆使しながら，スイミーの行動の様子やその理由を具体的に想像し，自分なりの感想を生み出していけるのではないだろうか。

3　指導計画

第1次

第1時　『こんなときどきみならどうする？』（五味太郎作）を用いて，「どうする？」「どう思う？」というお尋ねに対する答えを考えることを通して，言語活動のイメージをつかむ。

第2時　学習課題を確かめたうえで「スイミー」を読み，解決したいことを考える。

第2次

第3時　学習課題達成に向けて各自が解決したいことを考え，感想を書く。

第4時　一匹だけ逃げたスイミーは「ひどい」のかについて考える。

第5時　きょうだいたちが死んでしまったのに，どうしてスイミーは元気をとりもどしたのか考える。

第6時　スイミーが元気をとりもどした理由について話し合い，「おもしろいもの」や「すばらしいもの」の意味を捉える。

第7時　学習課題達成に向けて各自が解決したいことを考え，感想を書く。

第8時　「ぼくが，目になろう」と言った理由について話し合い，感想を再考する。

第3次

第9時　適応課題に取り組み，単元の学習を振り返る。

4　授業の実際（第1，4～6時）

第1時

単元導入では，絵本『こんなときどきみならどうする？』の読み聞かせを行い，教師が「きみたちならどうするか」と判断を問う。そして，子どもたちとやり取りする中で生まれた「体験とつなげて理由づけする」ことを価値づけるようにする。以下は，絵本『こんなとききみならどうする？』に載っている「その１」について子どもたちと話し合っている様子である。

教師　「山登りですよ。でも，登り方にはいろいろあるのさ。大変そうなの。らくそうなの。はやそうなの。おそそうなの。きみならどうする？」。あなたたちだったら，どうしますか？

りんこ　私だったら，歩く。

りんね　私も！

教師　えー，歩くの？　こんな長い道を？

りんね　歩く！　歩く！

教師　ちなみに歩くという人？（クラスの半数近くが挙手する）

りんこ　山登りというのは，歩くものなんですよ。歩いて楽しんで，てっぺんで遊んだりするものだから，私は，歩く方がいいかな。

教師　りんこさんは，山登りとは歩いて楽しむものだと言っているよ。

C　そうだ！　そうだ！

ゆき　その楽しむってことで言いたい。例えば，バスとかだったら，速くてあまり景色が見えないけど，**歩いたらゆっくり行けるわけだから，途中で止まることもできるし，自然が楽しめる**①。

教師　なんか，**そんなことあったの？**

ゆき　**私，滝を見に行ったことがあって，私は歩いて行ったんですけど，そのときに，バスの道と歩く道は違うんだけど，私は歩いているときにカニを見つけたんですよね。木の棒があったからカニと遊んだりしたんですけど，もしバスで行っていたら，途中で遊んだりとかできないから，私だったら歩くと思う。**

りんこ　**なるほどねえ。**

教師　りんこさんが，今「なるほどねえ」って言っていたけど，こうやって**体験とつなげて言うと「なるほど」ってなるよね。**

単元導入において，先にあげたような課題を克服するために，まずは多くの子どもたちに体験とつなげながら自分の主張を伝えるという学習体験を楽しんでもらいたいという願いがあった。そこで，子どもの発言の背景にある生活体験を問い返していくことを大切に学習に取り組んだ。今回は，ゆきの発言①があったときに，「そんなことあったの？」と問い返しをした。そのことで，ゆきの滝を見に行った生活体験が引き出され，歩いたからこそ出会えたカニのことを語り始めたのである。もう一つ意識したことは，自分の考えと体験を結びつける発言に対して，その理由づけの仕方を自覚させ，そのことの価値を共有することである。実際に，ゆきの体験を聞く中で，りんこが「なるほどねえ」と呟いた。私はその発言を取り上げ，「今『なるほどねえ』って言っていたけど，こうやって体験とつなげて言うと『なるほど』ってなるよね」と理由づけの仕方を自覚させるとともに，その有用性を実感させていった。

第４時

「スイミー版 こんなとききみならどうする？」をつくる中で，はるこは，「にげたのはスイミーだけ」というスイミーの行動にひっかかり，「スイミーはひどい」という感想を書いていた。その理由は，「泳ぐのは誰よりも速かったのであれば，家族のような存在であるきょうだいを一匹くらい助けることができたのではないか」というものだった。スイミーと赤い魚のきょうだいとの関係を挿絵や叙述から捉えることはできているものの，どんな状況だったのかを十分に捉えることができておらず，「ひどい」という感想をもっていた。ただ，はることしても納得のいく解決ができておらず，みんなと話し合って解決したいということを振り返りに書いていたので，第４時ではその困りごとを取り上げ，全員で解決していく場を設定した。以下は，その時の話し合いの様子である。

とみ　私は，生き残りたかったんじゃないかなと思いました。

C　えっ……，どういうこと？　どことつなげたの？

れいこ　「にげたのはスイミーだけ」のところ？

とみ　そう。

ゆき　私は，自分だけでも助かりたいっていうのは，あり得ないと思うんだけど。なぜかというと，「たのしくくらしていた」と「とてもかなしかった」ってあって，「とてもかなしかった」の「とても」は，家族がいなくなるわけだから，とても悲しいのに，自分が助かればいいって思うのは，「とてもかなしかった」とは全然つながってないから，私はあり得ないんじゃないかなと思う。

C　うん。あり得ない。あり得ない。

教師　**れいこさんは，違うところとつなげて考えていたよね。**

れいこ　**「おそろしいまぐろが，おなかをすかせて，すごいはやさで，ミサイルみたいにつっこんできた」ってあって，ミサイルみたいにつっこんできたら怖いですよね？　多分，怖いってなったから，ビックリして逃げてしまった**んだと思う。

C　それもあるね。

れいこ　**ふつう怖いものが追いかけてきたら，みんな自然に足が動いちゃうじゃないですか？**

C　**おばけとか。**

れいこ　**「ぎゃっ」て言って走ってしまうよね？　自然に足が走っちゃうでしょ。それと同じで，スイミーは，「こわっ」てなって，自然と泳いで行ってしまったんだと思う。**

C　なるほど……

りんね　**今，れいこさんが言ったように，怖い人とか怖いものを見ると，逃げちゃうよね？　怖いものを見たとき，逃げないわけはないよね？**　だから，**スイミーは，海で大きな魚がいきなりミサイルみたいに突っ込んできたわけだから，怖いものを見て逃げたんじゃないかな。**

はるこのように自分事として読んでいったからこそ，きょうだいを見捨てて逃げたという行動は「ひどい」という感想をもっていた子が数名いた。しかし，その子たちは，「おそろしいまぐろが，おなかをすかせて，すごいはやさで，ミサイルみたいにつっこんできた」というまぐろの様子について関連づけて状況を具体的に捉えることができていなかった。そこで，その叙述に着目して感想を書いていたれいこを意図的に指名し，発言を促した。すると，「ふつう怖いものが追いかけてきたら，みんな自然に足が動いちゃうじゃないですか？」と全体に語り始める。すると，周囲の子どもたちが「おばけとか」というように共感し始め，「とっさに動いてしまう」体験を背景に語り始めることになった。単元を通して，体験と結びつけながら読んでいったことで，少しずつ妥当性のある体験と結びつけながら，想像する姿が見られるようになった。

第５・６時

第４時の終わりに近づいた頃，はるきが周囲の友達に次のようなことを熱く語っていた。その様子を周囲の子どもたちも頷きながら聞いていた。

> なんで，元気をとりもどしたのかがわからないんだよね。だって，きょうだいだよ！　家族のような大切なものが死んでしまって，なんでおもしろいものやすばらしいものに出会ったら，元気になるの？　みんなそう思わない？

第５時では，このはるきの困りごとを取り上げて学習を進めていくことにした。すると，子どもたちは「くらげ」や「いせえび」「いそぎんちゃく」の「～みたい」という描写に着目し，それぞれの生き物の色や動きがおもしろくて，だんだん元気をとりもどしたのだというように話し合いが進んでいった。しかし，「おもしろいもの」が色や動きの様子であることは納得している様子だったが，一方で「すばらしいもの」とはなんなのか。また，「おもしろいもの」に出会ったからといって，なぜ元気をとりもどしたのかという困りごとは依然として納得のいく解決ができていないようだった。そこで第6時では，再度，スイミーが元気をとりもどした理由について話し合い，「すばらしいもの」の意味を捉える学習を行った。

教師　じゅんくんはみんなとはちょっと違う方向から考えていたんだよね。でも，じゅんくん自身は，まだ納得していないんだよ。ちょっと言ってもらっていいかな？

じゅん　ここできょうだいたちが食べられて，仲間を失ったでしょ？　それで，ここで「くらげ」とか「いせえび」とか「見たこともない魚たち」とか「こんぶ」「わかめ」「うなぎ」「いそぎんちゃく」に出会うでしょ。なんか「一人ぼっち」……仲間をなくしたときは，「こわかった。さびしかった。とてもかなしかった」ってなって，「一人ぼっち」みたいな感じになっちゃってるでしょ？　だから，「くらげ」とか「いせえび」とか「魚」とか「こんぶ」「わかめ」「うなぎ」「いそぎんちゃく」を見て，「一人ぼっちじゃないんだ」って気持ちをとりもどしたんじゃないのかなって思ってる。

れいこ　なんか，すごくわかりやすい……

りんね　じゅんくんの言う「すばらしいもの」は，なんか，仲間みたいな人？

はるき　それを見て，「一人じゃないんだ」って思えたわけでしょ。

れいこ　例えば，「くらげ」とか「いせえび」とか「わかめ」「こんぶ」ってみんな知ってるじゃないですか？　でも，よく見れば，きれいな色があったりだとか……初めて会ったものとか……がすばらしいものなんじゃないですか？　わかんなくなっちゃった……

きらら　れいこさんともつながるんですけど，「くらげ」「いせえび」「魚たち」「こんぶ」「わかめ」「うなぎ」「いそぎんちゃく」がすばらしいっていうことをれいこさんは言いたかったんじゃないかなと思う。

教師　生き物自体がすばらしいということかな？

りんね　ちょっとわかった気がした。

れいこ　当たり前だと思っている人が，ポンって亡くなって，一人だけになってて，当たり前にいたものが急に亡くなると，みんなも元気がなくなっちゃうよね？　でも，だんだんいろいろな生き物に出会って，その存在のすばらしさに気づいて，「一人ぼっちじゃないんだ」って思えて，だんだん元気をとりもどしたんじゃないかな。

教師　一度は，ドーンで落ちちゃうけど，ふとしたときに，周りの人の存在のすばらしさとかに気づいたこととか，元気づけられたことってありますか？

れいこ　コロナのときに，○○先生の算数の授業を見てて，家でも「～をしましょう」って言われて，私が「わかんない」，ママも「わかんない」ってなって，友達がいないと，話したいこと話せないし，いい考えも出てこないし，わかんないよーってボロ泣きしてしまったことがあった。

教師　それ，電話で言ってたね。すばらしいなあって思いながら聞いてたんだよね。４・５月の休校のこと覚えてる？

C　ああ！

りんね　私も，れいこさんみたいになった！

ゆきな　友達にも会えないし，先生はテレビでは見えるけど会えない！

ゆき　みんなと一緒に勉強した方が楽しいのにさ，なんで先生とテレビで１対１で勉強して悲しかった！

教師　「すばらしいもの」ってそういうことなのかもしれないね。

れいこは，新型コロナウイルス感染症対策によるオンライン授業で友達と会えないことについて悲しさを感じていた子どもの一人だった。じゅんの「一人ぼっち」という発言や教師の「一度は，ドーンで落ちちゃうけど，ふとしたときに，周りの人の存在のすばらしさとかに気づいたこととか，元気づけられたことってありますか？」という問い返しをきっかけに，自分の体験が引き出され，孤独だった自分がクラスの友達と会えたときの喜びを語っている。スイミーの気持ちを自分事として理解しているのである。さらに，れいこの発言をきっかけにして，他の子どもたちも共感的にその時のことを振り返りながら，「すばらしいもの」について捉えていくことになった。

「スーホの白い馬」で見られた，体験と結びつける姿

２学期の「スイミー」において，体験と結びつける「理由づけ」に取り組んだことによって，３学期の「スーホの白い馬」においても，自らそれを駆使して読み深める姿が見られた。以下に，りんことしんが互いに自分の体験と結びつけながら，「どうして，スーホは歯を食いしばりながら矢をぬいたのか」という困りごとを解決していく話し合いの様子を紹介する。

りんこ　「はを食いしばる」を調べてもらえない？　多分頑張ってっていう意味だとは思うんだけど……

しん　歯を固くかみ，一生懸命こらえる……

りんこ　なんか違うことない？

しん　悲しさをこらえる？

りんこ　例は？　例は載ってない？

しん　ゴールまではを食いしばって走る。

りんこ　似ているような，似ていないような……

しん　なんか違うね……

りんこ　わかる？　つながりそうなところ。「白馬。ぼくの白馬，しなないでおくれ」

しん　悔しいってことじゃないかな？

りんこ　**悔しいっていうよりか，例えば，私が大事に飼ってたうさぎが死んじゃいそうになって……もし，しんくんがペットを飼っていて……**

しん　**俺，ペット飼ってたよ。**

りんこ　**そのペットが死にそうだってなったとき，私は，うさぎが死にそうになったときに泣いたわけ。**

しん　俺も。

りんこ　スーホは泣いてないけど悲しい気持ちなんじゃないかなって感じ。

しん　僕も，インコを飼っていて，２歳のときに死んじゃった。

りんこ　そんなとき，嬉しい人っている？

しん　いない。

りんこ　だから，嬉しい気持ちではないってこと。だから悲しいとか。「死なないで」っていうのは命がなくなってほしくないってこと。だから，絶対嬉しい気持ちではないの。

しん　普通の人だったら悲しいよね。これまで，ずうっと一緒だったもんね。白馬も。

りんこ　ラブが死んだときも，みんな泣いてた。家族が。

しん　うちも，セキセイインコのそらちゃんっていうのがいたんだよね。そのそらちゃんがね，ちょっと特殊だったの。メスなのにしゃべってた。いつも，僕の頭に乗ってたな……

りんこ　やっぱり悲しいって気持ちなんだと思う。

しん　うん。

りんこ　「白馬だよ。うちの白馬だよ」って言ったとき，もし大事にしてなかったら，「はねおきた」だから帰ってきて嬉しかったんじゃないかな？　でも，白馬を見たときは「しなないでおくれ」だから，ずっと一緒にいたいって気持ちだと思う。白馬に矢が刺さっているのを見て，急に気持ちが沈んだんじゃないかな？

しん　スーホは，白馬が来て嬉しいと思って外に出たら，矢だらけの白馬がそこにいたって感じ。

りんこ　「ぼくはおまえといっしょだよ」って言ったじゃん。私はラブにこんなことは言ってなかったんだよね。でも，スーホは言ったじゃない。だから，私がラブを大事にしている気持ちよりも，ずっと大事にしていたと思うんだよね。私は言えなかった。家族にも言えてない。拾ったものでしょ？　愛が深かったんじゃないかな？

二人は，「どうして，スーホは，歯を食いしばりながら矢をぬいたのか」という共通の困りごとをもっていた。その困りごとを解決するために，まず辞典で「歯を食いしばる」の意味を調べ始める。しかし，「悔しさ」をこらえるのか「悲しさ」をこらえるのかわからない状態になっていた。

しかし，りんこの「悔しいっていうよりか，例えば，私が大事に飼ってたうさぎが死んじゃいそうになって……もし，しんくんがペットを飼っていて……」という発言をきっかけに，りんこが「ラブ」との体験，しんが「そらちゃん」との体験を語り始めた。各自がそれぞれの体験を結びつけながら「悲しみ」をこらえるために「歯を食いしばった」のではないかと想像し始めた。さらに，りんこは，自身の「ラブ」への思いとスーホの「白い馬」を思う気持ちの違いに言及し始めていた。

そうした姿から，先に課題としてあげたような自身の体験を短絡的に結びつけながら想像しているのではなく，比較検討しながら，スーホの行動の理由に迫る姿が見られるようになった。その他にも体験と結びつけながら解決に迫る場面があった。それは，りんことしんと同様の困りごとをもつ子どもたちが複数いたため，次の時間に全体で話し合って解決に向かう場面である。

れいみ　汗が滝のように流れていて，とても疲れている様子。スーホは，殿様が，自分をボコボコにしてとったくせに，家族のように大切な存在を，なんで簡単に殺してしまえるのかっていう……

はると　人の家族を殺したから。

れいみ　みんなの家族のような存在を，**家族をとりあげられて殺されたらどう思いますか？**

C　**やだ！**

はると　**殿様大っ嫌いになる。最悪。**

りんね　**その人大っ嫌い。**

れいみ　殿様はスーホの大切な存在を簡単に殺してしまったわけじゃないですか？　かわいそうとか気の毒とも思わずに。**なので，怒りってすごいじ**

ゃないですか？　何か大切なものを奪われたんだし。
はると　うん。うん。
れいみ　みんなありますか？　そういうこと。すごい怒りになりますよね？
C　うん。やってはいけないことをやってしまった……
れいみ　そんなことになったからこそ，スーホは，怒りと悲しみ……白馬は気の毒……。本当に大切に思っていたからこそ，後の「いくばんもねむれませんでした」のところともつながって……それほどなので，悲しみと怒り，苦しみがたくさんあったんだと思う。

れいみは，実際の体験を話しているわけではないが，どんな気持ちをこらえるために歯をくいしばっていたのかについて語っている。その中で「白い馬」を「大切な存在」「家族」と置き換えながら，周囲の友達に「自分の家族だったらどう思うか」と仮定しながら主張している。

体験と結びつけて読み深めていく際に，子どもたちは必ずしも登場人物と同質の体験をしているわけではない。そこで大切になるのは，類似する体験をいかに引き出していくかということである。ただ類似する体験といっても，なんの手立てもなく引き出されていくわけではない。こうした「白い馬」という具体的な表現から「大切な存在」といった抽象的な表現に置き換え，その抽象的な表現から生まれる「家族」という具体的な表現に置き換えることで，「それだったら私にも似たようなことがある」あるいは「置き換えて想像すれば考えることができる」ということに気づいていけるのであろう。

こうした理由づけの仕方も，「スイミー」の学習において，「赤い魚のきょうだいたち」を「大切な存在」や「家族」「仲間」等の言葉に置き換えながら，類似する体験を引き出していったことが生きて働いていると考えられる。

さらに，前時に話していたりんこを意図的に指名し，自分の考えの立ち止まりを促した。以下は，そのときの発言である。

りんこ　私は，**悲しみだけじゃないと思って**，このときにボコボコにされて，ひどい傷を受けながら友達に助けられて帰ってきたわけでしょ？　助けられて，頑張って帰ってきたのに，でも，**白馬はとられちゃって，とりあげたくせに，それなのに大好きな大事な家族の存在の白馬を，簡単に殺されちゃったから，悲しみと怒りだと思う。**

教師　なるほど。最初は，自分が飼っていたうさぎさんが亡くなった体験とつなげたときに悲しいんじゃないかなって思っていたんでしょ？

りんこ　私は，殺されたとかじゃないから……

ゆきこ　寿命がつきちゃった？

りんこ　寿命が……。小さい頃から，ずっと体も弱かったし，それで寿命がすぎて死んじゃったのもあり得るし……。それで，私たちが殺したわけでもないから，私は，そのとき，悲しみだけだったんだけど，白馬は違って，とられて，人に殺されたから，私の体験とはあんまりつながらないのかもしれないと思う。

りんこは，前時の段階で自分が飼っていた「ラブ」が死んでしまった体験と結びつけて，「悲しみをこらえるために歯をくいしばった」と主張していた。しかし，れいみの発言を聞いて，自分の体験とスーホに起こった出来事を改めて比べてみることで，寿命で亡くなったのか殺されたのかという違いに気づき，つながらないところもあることに気づいていった。

5　授業を振り返って

１年間を通して，「根拠・理由・主張の３点セット」を導入し，子どもたちから出された生活体験を価値づけ，共有していったことで，子どもたちが「理由づけ」をする中で，自らの生活体験と結びつけて豊かに想像する姿が見られるようになった。そのための学習指導上の留意点が浮かび上がってきた。

①子どもたちの考えが表出された際に，「なぜ？」「似たようなことあったの？」等，発言の内容に応じて問い返していくことで体験を引き出していく。
②物語の登場人物と同質の体験をしていることは考えにくい。子どもたちが自ら体験を引き出していくためには，具体的に語られている表現をいったん抽象的な表現に置き換え，接点に気づくことができるようにする。
③表出された体験については，登場人物に起こった出来事との共通点を明らかにしながら価値づけをして，有用性を実感させるようにする。
④子どもたちが体験を語り始めると，その時は夢中になって話しているため，授業の途中や終末場面で振り返りを促し，思考を整理するとともに結びつけた体験の妥当性について検討する場を設定する。

以上の点を意識しながら実践することで，子どもたちは自分の生活体験をもとに豊かに理由づけを行うことができるようになるのではないだろうか。

（田邉友弥）

この授業のポイント

田邉友弥先生は，「根拠・理由・主張の３点セット」を用いるときに，「自分の主張を伝えるための理由づけが妥当でなかったり，根拠をもとにしながら登場人物の行動やその理由についての解釈が十分でなかったりするという問題」があることを指摘している。特に，登場人物の心情を「わがこと（自分事)」として捉えるために，学習者の生活経験と結びつけて想像したり類推したりするとき，「安易」で「短絡的」な関連づけが見られたと述べている。本単元では，そうした問題を乗り越え，物語の世界を自分の既有知識や生活経験と適切に結びつけて，より豊かな理由づけにしていくことを目指している。

実は，私も，つとにそうした問題点を指摘している（鶴田 2020)。

> 類推思考は有効である場合が多いが，何でもかんでも類推すればよいというものではない。(中略)「ターゲット領域」と「ベース領域」の本質的な類似がポイントである。つまり，自分の既有知識・経験をもとに類推する場合，テキストを自分の知識・経験（前理解）と安易に，または強引に結びつけてはいけないということである。(中略)「根拠・理由・主張の３点セット」で言えば，客観的な根拠（テキストに書かれてあること）に基づいた合理的な理由づけが必要だということになる。
>
> (pp.42-43)

＊「ターゲット領域」とは現在の状況（物語の世界),「ベース領域」とは過去の類似の経験を意味する認知心理学の用語である。

本実践で特筆すべきは次の二つである。

第一は，上記の問題を小学校低学年の段階からクリアしようとしたことである。私はこれまで，小学校低学年では自分の生活経験と結びつけるだけで十分だと考えてきた。物語世界（登場人物の状況）と多少ずれていても，自分と重ねるという思考法をしたことを称揚すべきだと考えていた。しかし，田邉先生はさらにレベルアップした学びを展開している。これは刮目すべき新提案である。

特に「スーホの白い馬」の授業において，りんこがれいみの発言を聴いて，家族のような大切なものを殺されたのだから「悲しみ」だけでなく「怒り」もあるはずだ，自分が飼っていたうさぎは殺されたのではなく「寿命」だったのだから「私の体験とはあんまりつながらない」と発言したところは圧巻である。こうした自分の生活経験との整合性を検討することは高学年でも難しいと思われるだけに，貴重な成果といえるだろう。

第二は，「根拠・理由・主張の３点セット」の指導を一つの学習材（「スイミー」）だけでなく，他の学習材（「スーホの白い馬」）と関連づけて一年間を通して行うことの必要性・有効性を示したことである。子どもたちは学びを繰り返すことによって，より適切で豊かな理由づけができるようになっている。これは先のりんこの様子を見ても明らかである。こうした学びを上学年になっても繰り返して，よりレベルアップさせていくことが重要である。

およそ何事も繰り返し使うことで自分のものになっていく。習得・習熟は一夜にして成らず。大学生でも「根拠・理由・主張の３点セット」をすぐには使えるようにはならない。「気づく段階」→「知る段階」→「身につける段階」→「使いこなす段階」というように長期的・段階的な指導が必要である。

【引用・参考文献】

・鶴田清司（2020）『教科の本質をふまえたコンピテンシー・ベースの国語科授業づくり』明治図書

（鶴田清司）

第4節
筆者になって説明文を書き直そう
―「ひと目で分かる」はよい書き方か―

■「合図としるし」（小学校3年）

1　学習材の内容

本教材には，筆者名は記されていない。筆者の主張が明確に書かれた文はなく，「合図としるし」の具体と種類と〔よさ〕が述べられている。三部構成の〈中〉は，事例を「音」や「色」などの種類で括り，それぞれの種類が意味段落を構成している。三部構成の〈はじめ〉には，「どのような種類があるか」「どのように役立っているか」という二つの〔問い〕があり，〈終わり〉には，二つの〔問い〕に対する答えが「とくちょう」という言葉で抽象的にまとめられている。〔問い〕に対する答えの具体は，それぞれの意味段落で述べられている。「種類」に対しては，意味段落の最初の段落に〔事例〕とともに述べられ，「役立ち」に対しては，意味段落の最後の段落に〔役割〕〔よさ〕として述べられている。

本項の冒頭に，「筆者の主張が明確に書かれた文はなく」と書いたが，筆者のものの見方・考え方が表れている言葉は存在する。それは，⑩⑫段落の「ひと目で分かる」という言葉である。「ひと目で分かる」というのは，筆者の主観であり，判断である。⑩⑫段落の事例は，本当に「ひと目で分かる」のか。誰が見ても「ひと目で分かる」のか。そうでないとしたら，筆者はどのような意味で「ひと目で分かる」という言葉を使用したのか。その疑問に答えるとき，そこには子どもの解釈が多分に含まれる。

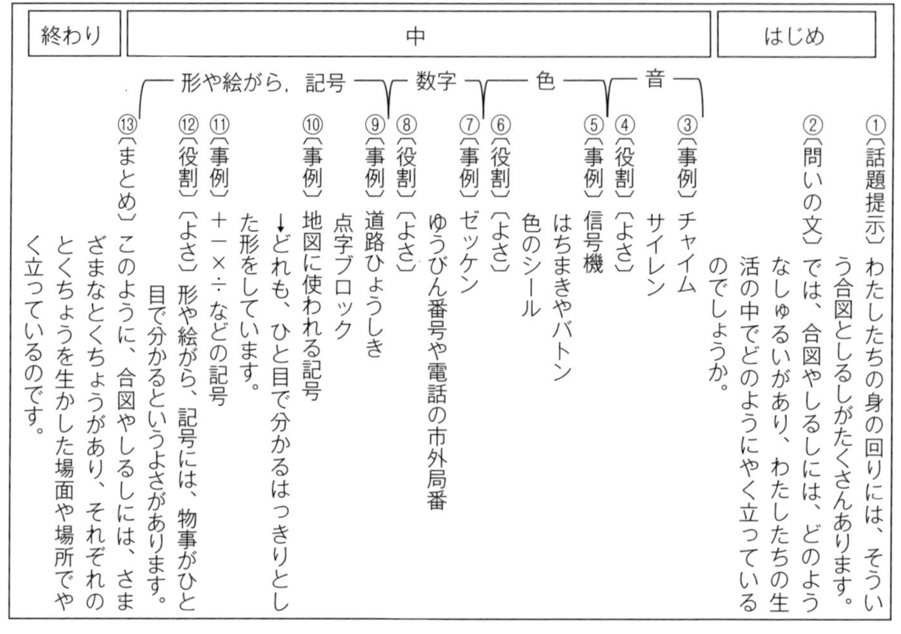

文章の全体構成

2　単元の目標

説明文の授業は，要点，要旨，文章構成の把握を目標としているものが多い。しかし，上記の内容のみを目標とすることは，長い間，説明文の授業の問題点として指摘され続けてきた。そこには，説明文に書かれていることがらを受け身的に理解する児童像しか浮かんでこないからである。読むことを，学びの対象となる世界を「わがこと」として考える行為と捉えるとき，そこには，子どもの主体的・能動的な姿が求められる。そのため，ここ数十年，説明文の授業の目標として，次のようなものが提案されてきた。「筆者の述べ方の工夫を読む」「説明文を批判的に読む」「説明文に書かれた（もしくは書かれていない）根拠・理由・主張という論理を読む」「筆者のものの見方・考え方を読む」「他の書物等とのつながりから読む」「筆者の目的意識や想定される対象読者から読む」「説明文が掲載されている媒介物の社会的位置づけから読む」等である。こういった目標が提案されてきているのに，要点等の文章構成を目標とする授業が依然として主流になっているのはなぜか。それは，授業方法が固定化しているからである。「意味段落に分け，要点を抜き，要旨をまとめる」という方法だけでは，後者の児童像を目指す授業は生まれない。「３点セット」を活用した話し合いを軸とした授業は，従来の方法ではない新たな授業方法となる。

本実践は，話し合いを通して，子ども自らが，叙述を根拠に，自身の経験や既習知識と結びつけながら，「ひと目で分かる」という言葉の意味を再構築していくことをねらいとする。さらに，その過程で，筆者の目的意識や対象読者という視点，教科書という媒介物の社会的位置づけという視点など，幅広い視野から社会的に説明文を読む姿勢を培うことをねらう。

そのために，第１次で次の（A）～（C）の取り組みを行った。

（A）題名から説明文の内容を想像する話し合いをした後に，自分が筆者になって説明文を書く。
（B）説明文を書いた後に本教材を読み，「分かりやすい」「分かりにくい」の二次元のグラフの上に自分のネームプレートを置き，自分の本教材に対する捉え方を顕在化する。その後，初発の感想を書く。
（C）友達の書いた初発の感想に対する意見交流をして，読みの課題をつくる。

本稿は，次の IK の初発の感想に対する意見交流を中心に述べる。

僕は，少し分かりにくいと思いました。なぜなら，⑫段落の「ひと目で分かるというよさがあります」というのは，ひと目でぱっと見ても，そんなに「よく分かる！」とならないから。　IK

3　指導計画

第1次　筆者と同じ題名で説明文を書く

第1時　話し合いを通して,「合図としるし」という題名の説明文に書かれている内容や構成を想像する。

第2時　一人ひとりが「合図としるし」という題で説明文を書く。

第3時　筆者の書いた説明文を読み,「納得度グラフ」に自分の立場を表し，初発の感想を書く。

第4～7時　感想交流をして読みの課題をつくる。

第2次　「三部構成はぐちゃぐちゃで分かりにくいか」を考える

第8・9時　事例を見つけよう。

第10・11時　なぜ，筆者は，⑤⑥段落にだけ,「合図」と「しるし」の区別をしているのか考えよう。

第12時　同じ役割の文に同じ色の線を引こう。

第13時　③～⑧段落の文の役割を考えよう。

第14時　⑫段落だけ，まとめ方がへんなのはなぜだろう。

第15時　⑫段落の「これらは」が指すものは，⑨⑩⑪段落の事例か，③～⑪段落のすべての事例かを考えよう。

第16・17時　⑨～⑫段落を「形や絵がら，記号」の意味段落として括ってよいかを考えよう。

第18時　段落構成図を考えよう。

第19・20時　「『とくちょう』は書かれているか」について考えよう。

第21時　⑬段落の「とくちょう」はどこに書かれているか考えよう。

第3次　解釈の交流をする

第22時　⑨段落の「点字ブロック」と「道路ひょうしき」を,「みんながあんぜんに通行できるようにするためのもの」と表現するのはおかしいか。

第23・24時　⑫段落の「ひと目で分かる」という表現は，よい言い方か。
第25時　「よさ」だけでなく短所も書かないと〈まとめ〉にならないか。
第26時　筆者になって分かりやすい「合図としるし」にしよう。

4　授業の実際（第１・５・７・23・24時）

第１時　「合図としるし」という題名の説明文の内容を考える

YM　例は，例えば，ベルマークとかSDGsのマークとか見れば，あーSDGsのこれこれねとか分かるじゃないですか。

RS　**でも，それが分かんない人もいます**(ア)。

YM　だから，一回見て覚えちゃえば，あ，これねって分かるじゃなですか。**そういう感じのやつを教えたり**(イ)，「合図」とかだったら，手話とか，こういう簡単な「グッジョブ👍」みたいなやつも合図になるし，いろいろあるから，**どれを選ぶか迷うかもしれないけど，簡単に誰でも覚えられそうなやつ多分入れていると思う**(ウ)。だから，簡単に覚えられる「しるし」とか，覚えやすい「しるし」とかを書いたら，読む方も分かりやすい。面白いやつだったら，逆に「これ面白いな覚えとこ」みたいな感じで覚えられる。**だから簡単に言うと，覚えやすい，面白い，それから，納得がいくが，単純に具体的な例となっている**(エ)。

IK　YMくんに半分賛成で，半分反対。まず，「簡単に覚えられる」って，「しるし」だったら簡単に覚えられるかもしれないけれど，「面白」かったり，「納得がいく」ものがいっぱいあるかもしれないけど，**それは，全部，「しるし」は当てはまるけど，「合図」はすべてが当てはまるわけではないから，それに合ってないやつとかもあるから……**(オ)

RJ　「しるし」もちょっとは分かりづらい。「千代田区」のマークとか，県のマークってあるじゃないですか，そういうのって，ほとんど知ってる人とか，納得いくものがないと思うから，「合図」と「しるし」はどっちも分かりづらいのと分かりやすいのとがあると思う。

NG　RJ くんに賛成で，思ったんですけど，それだったら，YM くんの言った「簡単で覚えられる」「面白い」「納得がいく」……**そんな急にやっても，そんな都合がいいものはなかなか出ないわけだから，できたらその中の一つに入るか，できたら全部当てはめるかにした方がいい**(カ)。

HN　YM くんに賛成で，IK さんに反対なんですけど，オリンピックの開会式とか見ていると，ピクトグラムってあるんですけど，それは，**世界の人が文字が読めなくても，絵とか，しるしとかで，分かるようにしたものだから**(キ)，「納得いかない」っていうのは違うと思う。

RO　IK さんに反対で，「分かりやすいもの」と「分かりにくいもの」があるって書いてあったけど，**「分かりやすいもの」にしぼって，分かりやすく作っているんだから，「納得いかない」ってあんまないと思う**(ク)。

第１次第１時は，話し合いを通して，題名から説明文の内容を考える活動を行った。話し合いは，事例の具体，対象読者(ア)，説明文の役割(イ)，事例の条件(ウ)(エ)(カ)，事例の特徴(オ)(キ)(ク)へと広がっていった。話し合いが進むにつれて，書き手の立場に立って発言する子どもが増えていったことがわかる。さらに，この話し合いは，初発の感想に大きな影響を与えた。IK の感想は，筆者を崇め奉るのではなく，筆者を自分の横に置き，筆者を対話する相手として捉えて書いた感想である。

第５・７時　IK の初発の感想に対する意見交流

SN　「ひと目で分かるというよさがあります」って書いてあるけど，僕は，地図記号とか覚えてないので，「ひと目で分かる」ではない人もいるから，「分かりやすい」ってした方がいいと思う。

RO　SN さんに反対で，地図記号は覚えてないと分かんないけど，「＋－×÷＝」は分かるし，**それぐらい３年生で知らないとおかしいし**(ケ)。

RJ　**「知らない人が読んだら」ってことなんじゃない？**(コ)

RO　そうじゃなくて。地図記号がすべての「合図としるし」なわけじゃないから,「分かりやすい」に反対。

教師　じゃあ,「ひと目で分かる」という言葉の方がROさんはいいと？

RO　(うなずく)

IK　僕の意見に反対したROさんの意見に反対です。数字の「＋－×÷」みたいなのは,ひと目でぱっと見ても,「＋」とか「－」とか,たまに僕も計算プリントとかで間違えちゃうんですよ。だから,ぱっと見ても,間違えることもあるから,見て,本当に,めっちゃよく分かるとか,絶対にこうだとかないから。自分が記憶を忘れているんじゃないかとなることもあるから,「分かる」といっても,「二度見」みたいに二回見たりして,ちゃんと確認して見なきゃいけないし,看板とかでも,マークが違っても後ろの背景みたいなやつが,赤とか黄色とか,同じかもしれないから,「それは,自転車の記号だぁ」みたいな,「車の記号だぁ」みたいな感じに,よく物知りみたいな感じにはぱっと見て思い浮かばない。

KO　「ひと目で分かる」に反対する人に反対なんですけど,なぜかというと,大人の人とかは,「＋－×÷」とかはもう覚えているし,「地図記号」とか「道路標識」とかも覚えてるし,だから,もう「ひと目で分かる」んじゃない。

RJ　**大人しか読まないとは限らないよ**(サ)。

C　**子どもも読むじゃん**(シ)。

RJ　大人だったら分かるけど。

C　僕たち,子どもだったらさあ……

C　大人だって間違える。

RJ　完璧な人いないよ。

IK　大人だって,覚えているけど,時には間違えるかもしれないから。

教師　KOさんの今の発言で,「大人だと」と言ったときに,なんで「大人」を出したかというと,「大人は覚えている」ってことを言いたいんだね。だから,多分,子どもでも覚えてしまえば,「ひと目で分かる」から,この表現はいい表現だって思うんだね。

KO　（うなずく）もう一つ言いたいんですけど，**文章では，「分かりやすい」って意味を表すのに，「ひと目で分かる」って言葉を使うものだと思うから，別にいいと思う**[ス]。

KS　**筆者は，そう思ってるのかな？**[セ]

RJ　「ひと目で分かる」って，本当に「ひと目で」見て「分かる」わけじゃなくて，分かりやすければ，「ひと目で分かる」っていう日本語だってことか。

SN　「覚えてしまえばひと目で分かる」って言ってたけど，僕のおばあちゃんは地図記号が難しいって言ってて，覚えてないから。覚えるのもちょっと難しい。僕も，一回言われたことを，また，すぐ繰り返すし，覚えるのが難しいから，「分かりやすい」の方がいいかなって思ってたけど，KOさんの最後の意見で，「分かりやすい」を伝える表現は，一つではないから，「ひと目で分かる」とか「すぐに分かる」とかいろいろな表現があるから，「ひと目で分かる」でもいいのかなとも思う。

RS　例えば，ピクトグラムとかあるじゃないですか，スポーツの。あれは，人と競技のボールとかが線で描いてあって，「なんとなくこれかなぁ」とかいう感じで知らなくても分かると思うんですけど，例えば，サッカーだったら，下にボールがあって，足でボールを蹴るみたいな感じだから，サッカーじゃなくても，他の競技でも大体は当たっているんじゃないかな。

教師　大体は当たっているから，この表現でいいと思うのね。筆者がこの表現をつかっていることはよい表現だと思うのね。

RS　うん。

DN　KOさんの「覚えてしまえばひと目で分かる」に反対なんですけど，いくら覚えてたとしても，度忘れ，いきなり出てきたときに分かりにくかったりして。針葉樹林と広葉樹林って，名前はかなり似てるけど，形がほとんど違うっていうので，形を描くってなると，描けないかもしれないってことになるから，KOさんの意見に反対です。

第５・７時は，初読後のIKの感想に対しての意見交流である。教材文の「ひと目で分かる」という表現の妥当性が話題となった。話し合いが進むにつれて，子どもたちの中に対象読者がどんどん具体化されていった(ケ)(コ)(サ)(シ)。「ひと目で分かる」という表現の妥当性を問う意見が対立することによって，慣用句的に読む捉え方が生まれたことは，子どもたちに大きな衝撃を与えた(ス)。さらに，筆者意識も生まれている(セ)。この話し合いで最も特徴的なのは，「３点セット」を用いた理由づけに，自分の経験や自分の身近な人の話などが取り入れられ，説得力の高い意見が相次いだことである。この話し合いを通して，「『ひと目で分かる』はよい言い方か」という課題が単元を通した課題として共有化された。

第23・24時「『ひと目で分かる』はよい言い方か」の解釈の交流

教師　今日，「⑫段落の『ひと目で分かる』という表現はよい言い方か」の話し合いをします。「よい言い方」が○，「よい言い方ではない」が×，「どちらとも言えない」が△。いくよ。手を挙げてね。「ひと目で分かる」という表現は「よい言い方」だ。12人。「よい言い方ではない」。13人。「どちらとも言えない」。11人。これ，面白いなぁ。11，12，13だ。それでは，４人で意見交換して。

教師　（意見交換後）もう一回手を挙げて。今グループで話し合った結果ね。「よい言い方」だ。７人。「よい言い方ではない」。18人。「どちらとも言えない」。11人。

教師　１班。どんな話し合いになった？

KO　僕は，「ひと目で分かる」というのは「分かりやすい」という意味だと思うから，別に「一瞬ぱっと見て分かる」という意味じゃなくて，「とても分かりやすい」って意味だと思うんですけど，**TOさんは，「とても分かりやすい」感じというのは，その人その人によって違って分からないからって発言**(ソ)したので，まだ，結論はついていません。

教師　４班。

JK　僕たちの班は，多分，△だと思うんですよ。まず，「道路標識」「点字ブロック」「地図の記号」というのは，勉強しないと覚えられないし，だから，それは，地図の記号っていう意味だから，地図に使える記号っていうのは，大体が分かるし，「＋－×÷」っていうのは，よく使うものだから分かるけど，**その代わり「点字ブロック」は，ちょっと分かりにくいって人もいるかもしれないけど，分かりやすい人もいるし，記号は分かりやすいっていう人もいるし，分かりにくいって人もいるから，どちらとも言えないと思う**(タ)。

教師　つまり，ここだね。TO さんが言ってたこの部分（板書「人によってとらえ方が違う」）が理由になるってことね。

教師　それでは，７班。

IT 「ひと目で分かる」ってことは，「すぐに分かる」ということだから，でも，誰でも，例えば，「地図記号」を習っていない**幼稚園生が「ひと目で分かる」ってことでもないし**(チ)。

RO　幼稚園生は読まないよ。

TY 「勉強しないと覚えられないものもあるから」に反対なんですけど，⑩段落に「どれも，ひと目で分かるはっきりした形をしています」と書いてあるから，**筆者は，「はっきりした形」を前提として書いていると思って**(ツ)，「勉強しないと覚えられないもの」は入っていないと思う。

HN　えっと，DK さんに反対で，**説明文って説明する文章なんだから，分かる人が読んでるとだんだんつまんなくなってきちゃうから，分からない人にも分かりやすくするために作らないといけない**(テ)。

DK　僕の「分かる」っていうのは，そういう「分かる」ではなくて，記号を知らない人とかいたら，地図の記号とか書かれているから「よく分かんない」ってなるけど，「地図記号」を知ってる人とかそういう人が読んだら，「地図記号，この前習ったな。へえ，地図記号，形や絵がらより，分かりやすいんだぁ。へえ」みたいな，上級レベルみたいな。

RJ　先生，それ，ちょっと，言い換えられます。記号の種類，地図の記号とか点字ブロックの種類がほとんど分かっていても，じゃあ，「記号って何？」「合図って何？」「しるしって何？」っていうところからやってくれているって感じ。あの，大きく見た感じの説明文。

教師　HN さん，どう？

HN　だけど，**説明文って説明するんだから，ちょっと迷うんだけど，ここだけがこの説明文のすべてってわけじゃないから，形や絵がらとか記号も危うい人も読むかもしれないから，「地図記号」を知っている人だけに言っているとは限らない**(ト)。

KS　HN さんに反対で，DK さんが言っていた「知ってる人前提」っていうのの根拠なんですけど，なんで筆者の名前を書いてないのかっていう話題のとき，先生が「教科書会社の編集部の人が書いたから」って言ってたじゃないですか。で，**編集部が書いたってことは，本として出版されてないんじゃないか**(ナ)。

教師　可能性が高い？

KS　うん。で，本として出版されてない可能性が高いから，**教科書だけに載っている可能性が高くて，さらに，「合図としるし」って同じ文章を二回違う学年でやっても意味がないから，多分，三年生の「上」だけに載っているから**(ニ)，三年生の「上」では，「地図の記号」とか「道路標識」とかを知っているから，それを前提で編集部が書いてるってことだと思うから，HN さんが言ってた「知らない人が読んだら分からない」ってことはないと思う。

RJ　それだったら，もうちょっと分かりやすく書いてほしいな（筆者に対して）。

RS　「合図」って言葉を引くと，「合図。前もって決めた方法で知らせること。または，知らせるための目じるし」って書いてあって，ってことは，この「目じるし」って書いてあるのは「しるし」みたいなもの。だから，「合図」は「しるし」と似ているってこと。

教師　そうだね。

RS　ということは，「しるし」と「合図」も似ているってことだから，僕は，「しるし」と「合図」を同じことって考えちゃって，そうすると，「勉強しないと覚えられない」「幼稚園の子には分からない」はすんごく似ていると思うんですよ。

教師　うん。

RS　なぜかっていうと，その「分からない」「勉強しないと覚えられない」って「分からない」ってことを言っているじゃないですか。で，こっちは，「幼稚園生の子には分からない」って言ってますけど，幼稚園生でも勉強すれば分かるんですよ。で，TY さんが言ってた「はっきりした形」。これっていうのは，「紛らわしくない」という意味かなって，僕，思って。「ひと目で分かる」って言っても，「幼稚園の子には分からない」って，「幼稚園の子も覚えたら分かる」って，逆の意味で，そういうふうに言えるから，で，**これも，「ひと目で分かる」っていうのは，そういう「幼稚園の子には分からない」って意味じゃなくって，何か「紛らわしいのがない」「似てるものが全くない」っていうふうなことを指しているんじゃないかなって思う**(ヌ)。

教師　なるほど。じゃあ，みんな，手を挙げてね。いいかい？　⑫段落の「ひと目で分かる」という表現は「よい言い方」だと思う。7。「よい言い方ではない」。24。「どちらとも言えない」。6。こうやって，この話から，筆者がどういう人を読者としてイメージして書いたかっていう話題にいったのは，とっても素晴らしいね。

第3次第23・24時は，説明文の構成等を理解した後の解釈の交流である。この話し合いの特徴は，「捉え方・感じ方は人によって異なる」という他者意識が共有化されていったことである(ソ)(タ)。さらに，筆者が何を前提にしているか(ツ)(ナ)(ニ)や対象読者(チ)の話題から，「説明文とは何か」(テ)(ト)という定義が顕在化されている。特に，(ナ)(ニ)は，教科書という媒体の社会的役割やそれを制作する編集者の意図に着目して筆者の前提を捉えようとしているところに大きな特徴がある。多様な観点をくぐることによって，「ひと目で分かる」という言葉の新たな解釈が生まれた[ヌ]。

5　授業を振り返って

本単元を通して，いくつかの課題はあるものの，学びの対象となる世界を「わがこと」として考えるような主体的・能動的な読みとその交流が展開していったことは確かである。

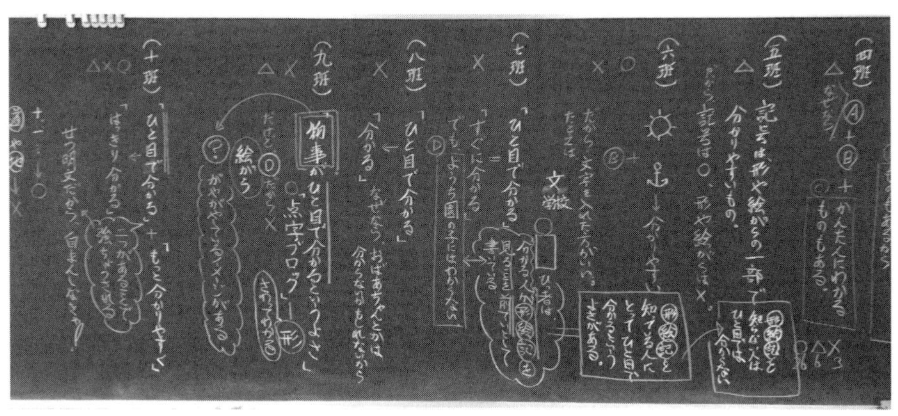

第３次第23・24時の板書
「『ひと目で分かる』はよい言い方か」についての各班の意見

（野中太一）

この授業のポイント

野中太一先生の授業は，子どもたちの鋭い問題発見とそれに基づく活気に満ちた話し合いによって展開している。小学校３年生としては大変質の高い学びの内容である。その大きな特長は，第１次に「読む」ために「書く」活動を設けていることである。先行研究・実践としては，河野順子（2006）『〈対話〉による説明的文章の学習指導―メタ認知の内面化の理論提案を中心に―』（風間書房）や鶴田清司・河野順子（2014）『論理的思考力・表現力を育てる言語活動のデザイン 小学校編』（明治図書）の杉本典子実践がある。

子どもたちが主体的に教材文と対話するためには，内容面・形式面の既有知識・経験が引き出されていくことが必要である。従来から，導入に「題名読み」などが取り入れられているのはそのためのものである。しかし，「題名読み」では内容面の既有知識・経験の引き出しにとどまり，説明的文章で学ぶべき論理展開や構造へ向けての既有知識・経験が不足していたという限界があった。前述した先行研究・実践では，それを超えて論理展開や構造へ向けて「読む」ために「書く」活動を通して，子どものたちの既有知識・経験を引き出し，教材との出会いを主体的にデザインしているところが注目すべき点である。自分の既有知識・経験をもとに「書く」活動を行っているからこそ，筆者の書いている内容や世界の捉え方（見方・考え方・述べ方）に対して，子どもの側から「あれ？」と引っかかる部分や価値ある問いが出てくる。そして，その問いが「批評読み」として，筆者の世界の捉え方を問い，友達と考え合うことによって，最終的には，学習者自らの既有の世界の捉え方や論理・構造の捉え方を問い直し，変容を迫る学びを実現していく。

野中実践においても，第１次で子どもたちが説明文を書いているからこそ，「ひと目で分かるというよさがあります」に対する疑問が出てきたのである。実際，第１時「『合図としるし』という題名の説明文に書かれている内容や構成を想像する」では，自分なら「合図としるし」という題名からどんなことを書くかを話し合っている。この中で，子どもの「理由づけ」に注目したい。「例は，例えば，ベルマークとかSDGsのマークとか見れば，あーSDGsのこれこれねとか分かるじゃないですか」（YM）や「『千代田区』のマークとか，県のマークってあるじゃないですか，そういうのって，ほとんど知ってる人とか，納得いくものがないと思うから，『合図』と『しるし』はどっちも分かりづらいのと分かりやすいものとがある」（RJ）というように，自分自身の既有知識・経験が引き出されている。こうした「理由づけ」が自分事としての学びを実現しているため，教材文と出会ったときに，IKは初発の感想の交流で「僕は，少し分かりにくいと思いました。なぜなら，⑫段落の『ひと目で分かるというよさがあります』というのは，ひと目でぱっと見ても，そんなに『よく分かる！』とならないから」というように根拠である言葉に着眼し，第１次で交流した理由づけの生活経験が述べられているのである。こうした発言は子どもたちの側からの質の高い問いとなり，第１次の第５・７時のプロトコルでもわかるように，「３点セット」による対話として生成している。例えば，「『ひと目で分かる』に反対する人に反対なんですけど，**なぜかというと，大人の人とかは，『＋－×÷』とかはもう覚えているし，『地図記号』とか『道路標識』とかも覚えてるし，だから，もう『ひと目で分かる』んじゃない」**（KO）や「『覚えてしまえばひと目で分かる』って言ってたけど，**僕のおばあちゃんは地図記号が難しいって言ってて，覚えてないから。覚えるのもちょっと難しい。僕も，一回言われたことを，また，すぐ繰り返すし，覚えるのが難しいから，『分かりやすい』の方がいいかなって思ってた」**（SN）は，「ひと目で分かる」という根拠をもとに，子どもたちが自らの生活経験からの理由づけ（太字部分）によって対話を進展させている。「３点セット」による理由づけは子どもたちの心を揺さぶり，対話を促進し，子どもの側からの学びを促進する。

本報告では，「ひと目で分かる」という表現の検討に焦点化しているため省略されているが，論理・構造へ向けての子どもの側からの学びがどのように「３点セット」によって促進されたかについても知りたいところである。

（河野順子）

第５節
心に残ったことを自分の言葉で表そう
―根拠や理由をつけて伝え合う活動を通して―　■「モチモチの木」（小学校３年）

1　学習材の内容

「豆太」という人物の行動や心情を読み取ることを通して，一人の人間を「勇気がある」とか「勇気がない」とか，ひとことで言い表すことはできないと感じさせる作品である。一般的には，最後の場面の「人間，やさしささえあれば，やらなきゃならねえことは，きっとやるもんだ」というじさまのせりふが作品のテーマだと考えられている。確かに，唯一無二の家族であるじさまに対する豆太のやさしさ，じさまが死ぬことへの恐怖が真夜中に医者様を呼びに行くという「勇気のある」行動の原動力となったのである。

現代とはかけ離れた時代背景のもとで物語が展開するが，だからこそなおさら，子どもたちが豆太と自分を照らし合わせ，豆太と似たような経験を想起しながら，豆太の心情を「わがこと」として想像するようにしたい。

2　単元の目標

男子15名女子８名，計23名の元気なクラスである。正義感が強く，子どもたち同士で注意し合いお互いを高め合う様子も見られる。学習では，間違えを恐れず自分の考えを全体に発表できる子どもが多く，さまざまな考えを受け入れられる雰囲気がある。一方，友達にわかりやすく説明するために考えを簡潔に伝えたり，理由を筋道立てて話したりすることに課題がある。そのため，根拠・理由・主張を明らかにした対話活動を行い，説得力のある話し方を身につけさせていきたい。これまでの学習では，「きつつきの商売」で「場面」「登場人物」という言葉に初めて触れ，「ちいちゃんのかげおくり」では，「根拠・理由・主張の３点セット」を意識させた話し合いを通して，場面の移り変わりや展開に注意しながら読むという学習を進めてきている。

本単元の「心に残ったことを自分の言葉で表す」という活動では，出来事，人物の行動や気持ちの変容，表現の特徴などに着目して読むことによって自然と感想へつなげ，最終的に一番心に残ったことをポスターで表現するという活動に取り組むことにしたい。それを行うにあたっては，自分の感想を精選しなければならない。その際，どの文をもとに書いたのかという根拠や，その文からどんなことを感じたのか，考えたのかという理由を示す必要がある（「根拠・理由・主張の３点セット」)。特に理由づけにあたって，先にも述べたように，自分の生活経験と結びつけて，豆太の心情を「わがこと」として理解するようにしたい。

なお，本単元では「根拠・理由・主張の３点セット」を「話し方の達人」と言い換え，「どこから（根拠)，なぜ（理由)，意見（主張)」という言葉を用いている。授業では，それを生かしたワークシート（p.118）に自分の考えをまとめて，それをもとに発表させた。

3　指導計画

第１次

第１時　「モチモチの木」の範読を聞き，学習活動のイメージをもつ。初発の感想を書き，交流する。

第２時　学習課題を確かめる。学習計画を立てる。
ポスター作成に向けて「根拠・理由・主張の３点セット」を意識した対話活動を行うことを知る。

第２次

第３時　本文を読み，作品の設定を確認する。豆太，じさまの人物像を大まかに捉える。フレーム読みを行う。

第４時　「おくびょう豆太」の場面を読み，二人の人柄と関係性を捉える。

第５時　「やい，木ぃ」の場面を読み，二人とモチモチの木との関係を捉える。

第６時　「霜月二十日のばん」の場面を読み，豆太の様子や気持ちを読み取る。

第７・８時　「豆太は見た」の場面を読み，豆太の様子や気持ちを読み取る。

第９時　「弱虫でも，やさしけりゃ」の場面を読み，じさまの豆太への気持ちを読み取る。豆太の変化についても考える。

第10時　おくびょうな豆太が一番勇気をふりしぼった場面を考える。

第11時　おくびょうな豆太が一番勇気をふりしぼった場面を発表する。（本時）

第３次

第12時　「モチモチの木」を読んで，一番心に残ったことについて，ポスターを作る。自分の気持ちを短くまとめることに注目させ，叙述を適切に引用させる。

第13時　ポスターを見せ合い，交流する。感じたことの違いに着目させる。

第14時　本文中の表現を参考に比喩表現を使った文を書く。単元の学習を振り返る。

4　授業の実際（第11時）

まず，学習のめあてを確認した。

> おくびょうな豆太が一番勇気をふりしぼったところはどこかを話し合おう。

そして，話し合うときに，紙板書「話し方の達人」（どこから・なぜ・意見）を意識するように伝えた。

次に，ペアで自分の意見を伝え合った後で，黒板に貼った「豆太は見た」の場面の教材本文の中で自分が選んだところに緑色のネームプレートを貼りにくるように指示した。大きく分けて6つの考えが出された（pp.109-116）。

それぞれの考えにおいて，根拠として同じ言葉・文をあげていても，なぜそこを選んだのかという理由づけが異なるであろう，そして，そこから対話・交流が生まれるであろうと期待して，なるべく多くの子どもたちに発言を求めた。その際，理由づけに自分の生活経験が欠けている場合には，「自分と比べてどうか」「似たような経験はないか」と助言するようにした。

また，6つの考えのうちの一つは誰も予想していなかったものであった。一人の児童（こうた）が「医者様のてつだいをして，かまどにまきをくべたり，湯をわかしたりなんだり，いそがしかったからな」というところをあげたのである。私はそのユニークな考えに驚くとともに，他の子どもたちにもその考えにじっくり向き合わせるように授業をデザインしようとした。なぜこうたはそこを取り上げたのかという問題を一緒に考えるといった手立てである。こうして，異質な考えと出会い，自分の考えを再検討していくことが真の対話的な学びだと思ったのである。

豆太が一番勇気をふりしぼったところ

「医者様をよばなくっちゃ」（3名）

ゆき　意見は，豆太が一番勇気をふりしぼったところは「医者様をよばなくっちゃ」のところです。どこからは「医者様をよばなくっちゃ」のところです。理由は，私はそういうときがあったら，勇気を出すのはそのことの前の方が勇気を出すからです。

教師　じさまが倒れて，どうしよう，どうしようってなって，医者様を呼ばなくっちゃ，というところで一番勇気を出した思うんだね。なるほどね。

だいすけ　意見が2個あるんだけどいいですか。えっと，ゆきさんの意見を聞くと，焦っている。

教師　焦っている。なんで焦っているの？

だいすけ　あの，普通だったら，医者様をよんでくるねってなんか普通な感じだけど，こっちのは医者様をよばなくっちゃ。

教師　うん，なんで焦る必要があるの？

だいすけ　ええと時間っていうか，のんきにやっていると，じさまが死んじゃうから。

教師　なるほどね，死んでしまうと思って焦った。だから，ここが一番勇気をふりしぼったと思う。なるほど。

「豆太は，小犬みたいに体を丸めて，表戸を体でふっとばして走りだした」（７名）

ゆうせい　どこからは「豆太は，小犬みたいに体を丸めて，表戸を体でふっとばして走りだした」です。理由は，勇気は一回出したら，しばらく出しっぱなしだから，出したままだから，一番最初に出たところから医者様を呼びに行き終わるまでずっと勇気を出してる。

しゅんたろう　「豆太は，小犬みたいに体を丸めて，表戸をふっとばして走りだした」とあるんだけど，普通だったら家族とか死んじゃいそうになったら混乱するけど，豆太は混乱しなくって医者様のところまで走っていったから，ここが一番勇気出してる気がする。

C　なんかすごい。

はるな　どこからは，しゅんたろうくんと同じで「豆太は，小犬みたいに体を丸めて，表戸を体でふっとばして走りだした」です。理由は，表戸を体で吹き飛ばすほど急いでいたと思うからです。急がないと間に合わない。

教師　なんで間に合わないの？

はるな　あの死んじゃうかもしれないから。死んじゃったらもう間に合わないから。

教師　はるなさんは急いでるときどんなふうにするの？

はるな　なんかね。そこらへんにあるものを使ってね，ドアをあけたりね。

あやか　豆太が一番勇気をふりしぼったところは，はるなさんと同じで「豆太は，小犬みたいに体を丸めて，表戸を体でふっとばして」のところです。理由は，私は勇気を出してもそんなことできないし，豆太は私より臆病なのに表戸を吹き飛ばすことができるのが，そこが勇気を一番出した点です。

教師　ああ，なるほどね，自分だったらできない。

C　自分と比べているから，いいと思った。

教師　そうですね。自分と比べていますね。

「ねまきのまんま。はだしで。半道もあるふもとの村まで」（３名）

まな　ええと，どこからは，「はだしで。半道もあるふもとの村まで」というところです。理由は，はだしで半道もあるふもとの村まで走っていくなんてすごいと思った。

教師　みんな，はだしになったときって最近でいうと……

C　ソーラン節。

教師　はい，ソーラン節。ソーラン節のときどうだった？

C　痛い。

C　痛くなかった。楽しかった。

C　足つぼみたいで気持ちよかった。

教師　気持ちいいかもしれないけど，この道ってどんな道なの？

C　霜で，えっと，雪みたいだった。

はると　ええと，土かもしれない。土だと，霜柱とか，あと，いろんな葉っぱとか**いろんなものが落ちていて，はだしで廊下とか走ってると，画びょうが刺さるみたいに痛い**①。

教師　なるほどね，画びょうが刺さるみたいに痛い。確かにそうだ。

ゆうせい　あと，山道なんだよね，山道なら，木とか落ち葉とか，秋なら落ち葉とか木は落っこっててもおかしくないから，落ち葉とか木とかも落っこってて痛い。

教師　うん，そうだよね。半道って何キロ？

C　２キロ。約２キロ。

教師　２キロも走るんだよね，すごいことだよね。

ひなた　ええとね，どこからは「半道もあるふもとの村まで」で，理由が，一人で約２キロメートル走っていけるなんてすごくて，知らないおじさん（医者様のこと…授業者注）に話しかけられるのがすごいと思った。

「霜が足にかみついた。足からは血が出た。豆太は，なきなき走った」（３名）

ゆうせい　豆太は，なきなき走った。理由は，豆太は足から血が出ても走った。もし（僕の）お父さんがじさまみたいになったら，足から血が出ても勇気を出して走る。

教師　ゆうせいさんのお父さんが目の前で倒れてしまったら，そういうふうにする。やっぱり自分のことと考えてくれたね。

はづき　どこからは，「霜が足にかみついた」です。理由は，足に霜がかみついて，痛いのに走り続けたからです。

教師　そうだよね。はづきさん，足から血が出たらどうする？

はづき　お母さんとか，お父さんとか，おねえちゃんとか，周りにいる人を呼んで，足から血が出たって叫んで，手当してもらう②。

C　転んだら保健室。

教師　かすり傷でもね，「先生，保健室」って言うよね。

ゆうせい　鬼ごっこしてるとき転んで，血は出てないけど，ちょっとでかいかすり傷したけど，タッチされても立ち上がって，手当してもらわずに鬼ごっこ続けたことあるよ③。

教師　そういうときってどういうときなの？

ゆうせい　転んだときは痛いけど，鬼になったら，タッチするまで仕方ないなって思って，ちょっと痛かったけど，鬼がどっか行っちゃ鬼ごっこは終わりだから，やめなかった。

教師　鬼ごっこに必死になったんだね。豆太のじさまが死んじまうから助けたい，というのとちょっと似てますね。

C　（「似てる」の声）

だいき「いたくて，寒くて，こわかったからなぁ」というところと，理由は，僕だったら，やめて布団に入ってしまう。

C　（笑いながら「かわいそう」「ええ」「あきらめてる」の声）

教師　でもそうだよね，だって夜の道なんてみんな走ったことありますか？誰もいない夜の山道だよ。

C　ない。

C　あるよ。懐中電灯もってあるよ。

教師　でも，こわいよね。一人でこわいです。2キロも走るんだもんね。

「なきなきふもとの医者様へ走った」（3名）

ひとみ　どこからは，「でも，大すきなじさまの死んじまうほうが，もっとこわかったから，なきなきふもとの医者様へ走った」。理由は，みんなにわかんないから変えたんだけど……。大好きな人が死んじゃうほうがもっとこわいから，痛くてもじさまを助けたい。家族が死んじゃうと嫌だから。

はると　どこからは，「でも，大すきなじさまの死んじまうほうが，もっとこわかったから，なきなきふもとの医者様へ走った」です。理由は，医者様を呼ばなかったら，じさまは死んじゃうし，臆病だから，勇気を出し切ったと思う。

教師　なるほど，助けたいからね。

いちろう　どこからは，「でも，大すきなじさまの死んじまうほうが，もっとこわかったから，なきなきふもとの医者様へ走った」です。理由は，半道もあるふもとの村に行くのはこわいから，大すきなじさまが死んでしまうほうがもっとこわかったから走ったです。

教師　みなさんと似てるね。じさまを助けたいという感じかな。

「医者様のてつだいをして……いそがしかったからな」（１名）

教師　さあ，では，みなさん一番気になると思います。こうたさんが，なんでここを選んだと思うか，ちょっと自分の心の中で考えてみて。

C　（子どもたちざわつく）

教師　文を読んで。

こうた　「医者様のてつだいをして，かまどにまきをくべたり，湯をわかしたりなんだり，いそがしかったからな」

教師　ここにしたのはなぜでしょう。みなさん１分くらい考えてください。

むねたか　ええと，じさまを助けるために，医者様の手伝いをしたり，助けるように手伝って，最後にはずっと生きてるようにする。

教師　生きててほしいという気持ちが，一番伝わってくる感じってこと？

むねたか　うん。うん。

C　それじゃないと，もしそれだけじゃなくても，もしかしたら死んじゃうかもしれないから，悲しくて，ええ，まあ，わかんない。

教師　なんだろうね。そろそろちょっと，聞いてみましょうか。

こうた　理由は，いつもの簡単な仕事じゃなくて，命に関わる仕事だから。

C　ああ。

教師　命に関わっている。実は私もなんでここにしたのかわからなかったんです。でも，今こうたさんの言ってくれたことを聞いて，命に関わるってさ，ちょっと前の思いだして，前さ，大好きな人が，大好きな家族が，目の前で倒れたときに，まなさんなんかは？

C　泣きながらパニック。

教師　そうだね。震えるとか言ってたよね。目の前で生きるか死ぬかわからないじさまがいて，こんなふうに，ここ普通に書いてあるけど，医者様の手伝いをしてかまどにまきをくべたり，湯をわかしたりなんだりって。生きるか死ぬかわからない人がいるときにこんなに動けるかな。

C　動けない。

教師　ねえ。これすごい。先生もそう思いました。

C　おれ，たぶん110番通報。

（このあと，さらにこの考えをめぐってペアで話し合いをさせた）

しゅんたろう　普通だったら，失敗したら，ああどうしようってなるけど，命に関わることだったら，真剣にして，でも震えちゃって，薬とか飲ませたり，なんかいっぱいすると思うけど，命に関わることだったら，もしそれが間違ったやり方だったら，ほんとに死んじゃうかもしれないから，だから，こうたくんの命に関わっているというのは，いいと思う。

教師　勇気をふりしぼってそうだよね。自分のことに置き換えているね。だって普通の風邪ぐらいだったら普通にできると思うけど，生きるか死ぬかってときに，もしこれを間違えてしまったらどうしようって思う。

ゆうせい　むねたかくんのとちょっと似てる。生きててほしいと似てる。じさま大丈夫かなーって感じ。

教師　自分だったら動ける？

ゆうせい　実際にやってみないとわかんない。

友達の考えを聞いて自分の考えを見直す

最後に，以上のような話し合いを通して自分の考えが変わったという子どもたちに対して，黄色のネームプレートを該当箇所に貼らせた。ほとんどの子ども（18名）が黒板の前に集まってきた。こうたのところにネームプレートが集中している（11名）。

教師　はい，ちょっと聞いてみましょうか。ののかさんは，なんでここに移動したの？

ののか　こうたくんの聞いて，簡単なことじゃなくて，命に関わる大変なことだから，変えてみました。

教師　ななみさんはどこに移動したの？　あ，こっち。逆に。なぜ？

ななみ　半道もあるふもとの村まで行って，２キロメートルは結構遠いから，そのときははだし。だから勇気を出してふもとのところまで行った。

教師　なるほどね。はだしって，さっき言ってたことを思ってこっちにきたんだ。なるほどね。では，まさきさんどうですか。

まさき　ぼくのおばあちゃん，倒れたわけじゃないんだけどね，熱が出てね，ぼくが帰ってきたら寝てるから，びっくりしてね。ばあば，ばあばって言ってね。死んじゃったと思ったら生きてたからね，よかった。

教師　だから，ここにしたの。自分と重なったの？　なるほどね。豆太とまさきさんを重ねたんだね。

（最後に，本時の授業でわかったこと，気づいたこと，思ったことを学習感想に書かせて，何人かに発表させた）

はづき　わたしが豆太だったら，どうすることもできない。

たいせい　豆太は表戸を突き飛ばして，それも真夜中に，半道も走ったからすごいなと思った。

だいすけ　３個きちっと書いたんだけど，いろんな豆太の勇気を出した場面が出た。ここには書いてないけど，豆太が急に勇気を出してびっくりした。

ゆうせい　「豆太は見た」の場面は，「豆太は，小犬みたいに体を丸めて，表戸をふっとばして走りだした」から，最後の文の「医者様のてつだいをして，かまどにまきをくべたり，湯をわかしたりなんだり，いそがしかった」まで，ずっと勇気を出している。

5　授業を振り返って

私は「豆太が一番勇気をふりしぼったところ」として，大きく分けて次の3つが出てくるだろうと予想していた。

A　豆太が表戸を体でふっとばして走りだしたところ。
B　豆太がなきなき走ったところ。
C　豆太が医者様のこしを足でドンドンけとばしたところ。

多くの子どもたちはAとBを指摘していた。こちらから「みんなはだしになったのはどんなとき？」「この道はどんな道？」「足から血が出たらどうする？」といった補助発問をして，自分の生活経験から想像したり類推したりして，具体的な理由をあげさせるようにした。①のはるとの「画びょうが刺さるみたいに痛い」，②のはづきの「家族に手当てしてもらう」，③のゆうせいの「鬼ごっこを続けた」という発言は自分の生活経験に基づく発言である（太字部分）。登場人物の言動を「ひとごと」ではなく「わがこと」として読んでいる。

ところで，本時では予想外の出来事が起こった。先にあげたA～Cと全く違うところをあげた子どもがいた。先述したこうたである。

豆太が一番勇気をふりしぼったところは，「医者様のてつだいをして，かまどにまきをくべたり，湯をわかしたりなんだり，いそがしかったからな」のところです。理由は，いつもの簡単な仕事ではなくて，命に関わる仕事だからです。

これは他の児童に影響を与えた。友達の意見を聞いて自分の考えが変わったという子どものうち，11名がこの意見に変わったのである。おそらく豆太が「命に関わる仕事」に取り組んだという理由づけに共感したのだろう。

しゅんたろうは,「間違えたら死ぬかもしれないから，こうたくんの考えはいいと思う」と発言した（p.115太字部分)。他にも,「自分だったら動けないと思う」「パニックになってしまう」といった意見が出された。こうたの意見は他の子どもたちに「わがこと」として受け入れられたのである。

「モチモチの木」ワークシート

モチモチの木
場面　　名前（　　　　　）

意見

どこから

理由（なぜなら）

○学習感想（わかったこと・気づいたこと・思ったこと）

ワークシート記入例

モチモチの木

場面〇　名前（　　　）

課題（つづきはうらにあります。）

豆太がゆう気をふりしぼった所はどこかを考

意見（つづきはうらにあります。）

豆太が一番ゆう気をふりしぼった所は、

「医者様をよばなくっちゃ。」

どこから

「医者様をよばなくっちゃ」。

までがどこからです。

理由（なぜなら）（つづきはうらにあります。）

わたしはそういう時があったら、

ゆう気を出すのはその事の前

〇学習感想（分かったこと・気づいたこと・思ったこと）

ゆう気を出すのはむずかしい

と分かりました。みんなゆう気

を出す場所はまとまりになっ

ていたのに気がつきました。

（雨宮怜奈）

この授業のポイント

授業の最大のポイントは，こうたのユニークな考えが他の子どもたちに「わがこと」として共感をもって受け入れられたことである。そうなったのは，雨宮怜奈先生自身がこの予想外の意見に感動し，その価値を認めて，授業展開に大きく位置づけたからである。例えば，こうたに理由を言わせる前に，「こうたさんはなぜここが一番勇気をふりしぼったところだと考えたのか，その理由を想像してみよう」という指示を出していた。欲を言えば，もう少し本文の表現に立ち返って，どうしてそれが一番勇気を振り絞ることになるのかを考えさせるべきであった。根拠となる語句・表現の吟味である。つまり，おくびょうな豆太が「かまどにまきをくべたり，湯をわかしたり」するという行為の意味を考えることが，理由づけをさらに具体化して，説得力を高めることになる。言うまでもなく，「モチモチの木」の世界は現代の子どもたちが生きている世界とはかけ離れている。今はワンタッチでガスレンジに火をつけることもできるし，電気ポットで湯を沸かすこともできる。しかし，豆太の生きている時代は，マッチで火をつけて薪を燃やしたり湯を沸かしていた。五歳の子どもがこうした仕事をするのは困難と危険をともなう。下手をすると，やけどする恐れもある。豆太にとってそれはとても勇気のいる仕事なのである。今の子どもはこうした経験をしたことがないだろう。このように本文の解釈を深めることによって，こうたの考えはさらに説得力を増すだろう。

本時の授業で，他に活躍した児童にゆうせいがいる。彼は授業の最初から，特定の場面ではなく，「表戸を体でふっとばしたところから医者様を呼びに行くまでずっと勇気を出し続けている」と考えていた。結局，授業を通して基本的な考えは変わらなかったが，こうたの考えを取り入れて，「表戸を体でふっとばしたところから，最後の医者様のてつだいをするところまで，ずっと勇気を出し続けている」と授業の終わりに発言した。最初の「医者様を呼びに行くまで」という範囲が「医者様のてつだいをするところまで」に広がっている。これは，他者の言葉を自分の考えの中に取り込む「アプロプリエーション」（専有）と言われる協同的な学びの姿である。この背景には，「根拠・理由・主張の３点セット」によって子どもたちの発言が論理明快なものになり，それぞれの考えのよさ，自分の考えとの違いがはっきりして，学び合うことができたということがあげられる。この授業では，他にも「アプロプリエーション」による学びが多く生起している。こうたの「命に関わる仕事」という言葉も子どもたちの学習感想文の中に多く取り込まれている。

以上のように，本時の授業は「主体的・対話的で深い学び」と言えるものだった。特に「豆太が一番勇気をふりしぼったところはどこか」という学習課題をめぐって，子どもたちは自らの既有知識や生活経験に基づいて豆太の言動を「わがこと」として切実に解釈していた。また，友達の考えを聴いて，その素晴らしさに感動し，自分の中に取り入れたり，自分の考えを見直したりするという対話的な学びが生まれていた。つまり，テキストとの対話，他者（教師・他の子ども）との対話を通して，自己内対話（異質な考えと対話することで自分の考えを再構築すること）に向かう深い学びである。

「豆太が一番勇気をふりしぼったところはどこか」という学習課題に対しては異論もあるだろう。豆太は勇気をふりしぼって外に飛び出したのではなく，大好きなじさまが死ぬかもしれないという底知れぬ恐怖のあまり無意識で外に飛び出したのだという考えもあるからである。しかし，本時の授業は，「勇気のある子ども」というキーワードに注目して，「一番勇気をふりしぼったところはどこか」という納得解（正解ではない）を求める発問によって，子どもたちの多様な考えを引き出すことを重視していた。実際の授業にあたっては，「勇気をふりしぼったところはない。無我夢中でやっただけだ」とする考えも認めるべきだろう。現に本時では「ずっと勇気を出しっぱなしだった」という意見が出たが，教師はそれを否定しなかった。

（鶴田清司）

第６節
筆者の主張と説明の工夫に迫る

■「固有種が教えてくれること」（小学校５年）

1　学習材の内容

「固有種が教えてくれること」は，動物学者である今泉忠明氏による説明文である。固有種という言葉は，子どもたちにとって馴染みのある言葉とは言えない。むしろ，天然記念物や絶滅危惧種といった言葉のほうが身近である。天然記念物や絶滅危惧種と固有種とは重なるものはあるが，全く同じものを指すわけではない。このことを踏まえて読み進めることが大切である。

第１段落で，アマミノクロウサギを例に，固有種とは何かを説明している。続く第２段落では，固有種と他の種とを比べることは，生物の進化の研究に役立つとし，「固有種たちがすむ日本の環境を，できるだけ残していきたい」という筆者の考えを述べている。この考えは，最終段落である第11段落でも繰り返して述べられている。

段落構成の「中」に当たる部分の第３～10段落では，７種類の資料が用いられている。地図・表・グラフ・写真などの資料が，筆者の伝えたいことに合わせて用いられている。読み手は，文章と関連づけて，これらの表やグラフを読み解くことが求められる。第３～６段落には，日本には固有種が多いこととその理由，第７段落は，固有種が生き続けることのできた日本列島の豊かな環境について書かれている。第８～10段落には，固有種が減ってきている現状と対策について事例をあげ，固有種の保護だけではなく，その生息環境の保護とのバランスが重要であることにも触れている。

これらの内容を受けて，終わりの第11段落で，固有種は，「生物の進化や日本列島の成り立ちの生き証人」であり，「日本列島のゆたかで多様な自然環境が守られていることのあかし」でもあるとしている。そして，もう一度「固有種がすむ日本の環境をできる限り残していかなければな」らないと述べ，それがわたしたちの「責任」であると強調している。

「固有種が教えてくれること」（３学期）は，「言葉の意味が分かること」（１学期）に続いて，「双括型」の文章である。はじめに述べた筆者の考えが，資料を用い，事例をあげて説明することによって，終わりの部分でより説得力を増した形で繰り返し述べられている。このような論展開についても学びを深め，児童が文章を書く際に，取り入れることができるとよい。

この説明文の特徴の一つとして，グラフや表などの様々な資料を用いていることがある。私たちの日常でも，このような資料を目にすることがある。発信する側の伝えたいことに合わせて，それらの資料は用いられている。それらの資料の選び方や見せ方はどうなのか，さらにはその資料の真偽はどうなのかということも含む，批評の芽も育てたいと考えた。

このような説明文の形式に関する学びだけではなく，人間の都合を優先することによって，取り返しのつかないことになることを心に留め，固有種以外の問題にも目を向け，自分の行動を省みることも期待する。

2　単元の目標

単元の目標を，次のように設定した。

・本文とグラフや表などの資料を結びつけて，内容を捉えることができる。
・グラフや表などの資料を用いる効果とよさについて考えることができる。
・筆者の考えに対する自分の考えをもつことができる。

これらの目標を達成するために，次の３つの点を工夫した。

①資料ごとに担当グループを決め，読み取ったことを発表する

グループで特定の資料の読み取りに責任をもつこと，グループ発表の形式をとることによって，主体的に読み取り，対話がより活発になると考えた。

②文章構成について「根拠・理由・主張の３点セット」を用いて話し合う

１学期の説明文「言葉の意味が分かること」の学習において，繰り返し「どこから？」「どうして？」と根拠・理由を問い返してきた。２学期の対話の練習「どちらを選びますか」の学習において，「理由・根拠・主張の３点セット」という用語を教え，二項対立のテーマについて対話を重ねた。理科専科との連携によって，「人工授粉か虫による受粉か」というテーマで，ディベート形式の学習も行ってきた。このような経緯から，考え合いたいテーマであれば，自然に「３点セット」を用いた話し合いになると考えた。

③筆者の考えに対する自分の考えを「根拠・理由・主張の３点セット」を意識してまとめる

一学期の説明文「言葉の意味が分かること」の学習の最後に，要旨をまとめ，自分の考えを書いた。本単元の学習の最後にも，その時と同じ形式で書かせることにしたが，今回は「３点セット」を意識させることによって，より論理的に表現できると考えた。

3　指導計画

第１次

第１時　題名よみ　固有種について知っていること

第2時　固有種が教えてくれることとは何か（予想）
第3時　初発の感想・疑問共有　この説明文の特徴は何か

第2次

第4時　グループ学習　資料読み込み
第5時　資料1の発表　資料2の発表
第6時　資料3・4の発表 資料5の発表
第7時　資料6・7の発表　　【プロトコル】
第8時　初め・終わりの要点
第9時　各段落の要点
第10時　各段落の要点
第11時　文章構成について　　【プロトコル】
第12時　要旨＋自分の意見を書く

第3次

第13時　オリジナル説明文
第14時　オリジナル説明文
第15時　オリジナル説明文の読み合い

4　授業の実際　（第7・11時）

資料ごとに担当グループを決め，読み取ったことを発表する

次のプロトコルは，資料6（天然林等面積の推移のグラフ），資料7（全国のニホンカモシカほかく数のグラフ）の担当グループが発表する中で，さまざまな既有知識や生活経験が引き出され，ニホンカモシカの事例に対して話し合いが深まった授業のものである。

この話し合いの一か月程前に，宿泊体験学習のバス移動中にニホンカモシカに遭遇し，生活圏の近くに現れ，迷惑しているという話を聞いたこともあり，話し合いが白熱した。「固有種の保護は，その生息環境の保護とのバランスが重要」という第10段落の内容を超えて，人間の都合が優先されている

ことに話が及んだ。

【第７時のプロトコル（〰〰部分は生活経験，太字部分は発言の価値づけ）】

教師　９段落と10段落の言っていることって，同じことを言っている？　違うことを言っている？

Hi　違うことを言っている。

I　保護したことがよい結果を生んだってある。10段落には「しかし」ってあるんですよ。よいことと逆のことがくるんですよ。しかしって逆接だから。で，幼木の芽を食べるようになりましたっていう，だめなことが起きたっていうのが10で，９はよいことが起きましたよ，だけどその影響でこれが起きましたよ，悪いことが起きましたっていうのが10。

教師　幼木の芽を食べるだけがだめなことですか。

So　どうして幼木の芽を食べるのかわかりました。食べ物がないんじゃない？　食べ物がなくて，人間が食べ物のあるところを破壊しちゃったり，なくしちゃったりしているから。

教師　天然林減少は食べ物がなくなったと言い換えられる。

So　それはそれで（天然林減少で食べ物がなくなったのは）人間のせいだし，またこれが（ニホンカモシカ）絶滅したら困るし。

教師　これ自体が人間のせいだね。

N　「天然林が減少」って書いてあるじゃないですか。前に遠足に行ったときに，バスに乗っていたら，そのときに人工の木がいっぱいあったから，そのことが書いてるのかなあって。

教師　**すごい，奥多摩の遠足のこと。**人が作った林。どこらへんが人工っぽかった？

N　普通の木だとうねうねって色々な形があるじゃないですか。人工の木の場合だと直線だから，幹が曲がっていない。

教師　すごく背が高かったよね。一つひとつがさあ，さあって。人間が並べたなっていう並べ方。人間がせっかくやったのに食べにきちゃう。でもどうして食べにきちゃうかというと，So くんの言った通り。

M　N さんが言った通り，「天然林が減少」とかって言っていたけれど，ニホンカモシカもエサを食べないと死んじゃうでしょ。だから，人間がやっても自然がやっても，どっちにしろ（芽は）食べられちゃうんですよ。（略）協力しないといけないんですよ。今，ウクライナ，戦争しているじゃないですか。やっぱり仲良くしないといけないんだよ。平和主義者です。僕たちは平和主義者と考えたら，ニホンカモシカも殺せなくなる。食べていいよって。でもずっと見てるよって。

（略）

Hi　人がカモシカを放っておいたら，めちゃくちゃ葉っぱとか食って自然を破壊するじゃないですか。人が殺しても，それは（殺すことは）自業自得じゃないですか。

教師　難しいね。人間のやるべきこと，なんでしょうね。

Sa　Hi くんと同じ意見で，別に殺しても構わないと思います。

C　怖い怖い。

Sa　だってさ，人間て動物殺してるじゃないですか。食べるのに。だからこの世界は残酷なんですよ。

（略）

Re　人間は一度別の惑星に移動してもらって……

C　（笑い）それはさすがに無理だよ。

Re　前，コロナで休校のとき，みんななんか家にいましょうっていう期間で。めっちゃ家にいたじゃないですか。そうすると，川に魚が戻ってきたとか，透明度が上がっていっていたんで，一年ぐらい惑星に移動して，絶滅危惧種っていう言葉がなくなるんじゃないかなって。

教師　ステイホームで自然のバランスが戻ったっていう話。

Re　よかったら人間は惑星に永住してもらって，帰りたい人は先着制で予約とかしてもらって，一日一億人みたいな感じ。

C　それはちょっと……

Hi　So くんが怖いとか言ってるじゃないですか。殺して構わないって言ったから怖いって言ったじゃないですか。僕，朝ご飯，昼ご飯，夜ご飯て，魚とか豚とか食べてる。命をもらって。

I　３年生のときの，「カイコ」の話じゃん。

Hi　So くんなんて，ご飯食べたいっていう気持ちで，お祈りに集中できなくて，適当に終わってすぐに食べちゃうっていう感じなんですよ。それって感謝してないって感じじゃないですか。

So　確かにね。

Hi　魚とか肉とか食ってて，命もらってるよね。

So　Hi の言っていることはわかる。調子に乗るなっていうことですよ。元々のバランスをいじったから狂っちゃった。物で表すんだけれど，電動ヒーターとか，時間合わせてるけれど一個狂うと全部狂うじゃん。それも，バランスも同じで。人間が変な真似，馬鹿みたいな射殺とか，美味しいからもっと食うとか，欲張るのはいけない。

（略）

教師　資料の効果は次回になるけれど，**奥多摩のことをＮさん，ステイホームのことを Re さん，語ってくれました。素敵でしたね。今，勝手にディベート状態ですが，面白かったですね。**またどこかでやりましょう。

文章構成について，「３点セット」を用いて話し合う

次のプロトコルは，第８～10時に，各段落の要点を確認する中でも，たびたび話題になっていた文章構成，説明文の型について話し合った授業のものである。本文の言葉や文を根拠に，話し合いが進んだ。

【第11時のプロトコル】

Sa　はじめは１と２段落で，中は３～10段落で，最後11。理由はですね。１は固有種についてなんです。２が筆者の考え。「考えている」って。中は，例を言っている。説明している。終わりが２段落にもあった「残して

いきたい」だから。

Hi　Sa さんと So くんに全部言われました。段落は，Sa さんと同じで，理由は So くんと Sa さんのミックスみたいな。アマミノクロウサギの例が1，2で。3～10が例。11がニホンカモシカとか保護の話でした。

U　段落の分け方は Sa さんと一緒で，理由じゃなくなっちゃうんだけれど，文の10と11で分けてるんだけれど，7に「このようなことから」ってつなぐ言葉があると思うんですけれど，11の最初ってつながる言葉がついていない。

教師　（壁の本文掲示を指しながら）「このような」「では」「しかし」ってつながっていて，ここはないんだね。Sa くんは，8までで切ったけれど，ここ切っちゃいけないんじゃないってことかな。

理由が違っていたね。面白いね。接続語や指示語（板書）理由がみんな少しずつ違っていていいですね。

（略）

I　はじめ，中，終わりという概念をなくして，僕は，1～10と11。ていうか，中を2つに分けて，1～7。8～10。で11。3つに分かれた。

Sa　意味がわからん。

U　ちょっと理解ができないんだけど。

I　ごめん。最初の2と3分けてると思うんだけれど，分ける理由もわかるけれど，これって同じ固有種のこと言ってるし，そんな別に変わってないから，切る必要はなくて，7と8を分けるのは，7は「このようなことから」ってこれまでの情報をまとめている。8は「では」で始まっているから，これは普通に8は切れるかなって。

To　はじめという概念が。

U　そういうことか。

I　8～10は固有種が減ってきているってことで，11は筆者の意見じゃないのか。怖いな，Sa の反応。反論が。2の最後にも筆者の意見があるっていうのもわかるけれど，途中途中にあってもいい。切るほどじゃない。

教師　対立する意見がでると面白いね。

Sa　理解はするんだけれど，納得いかない。（略）
7はまとめとか言ってるけれど，ミニまとめっぽい感じなんですよ。だから，7と8分ける意味ないんじゃないかなって。

I　7は「このようなことから，日本列島には数百万年前に出現したものをはじめ，さまざまな時代から生き続けているほ乳類が見られ，そのほぼ半数が固有種なのです」って。それって3から……

C　（笑い）（1から切れ目がないとしていたが，3で区切る発言をしたため）

I　数百万年前からっていうのは，アマミノクロウサギのことを言っているんですよ。そのことから，1から。

＊時間の関係で，授業（録音）はここまで。板書より，最終的に以下のようにまとまった。

1・2段落	固有種の説明
3～7段落	固有種が多い←「地形」に関する資料
8～10段落	固有種が減っている←絶滅の例
11段落	筆者の考え

筆者の考えに対する自分の考えを「3点セット」を意識してまとめる

授業で活発に発言していた児童と，そうではない児童の書いたものを，次に紹介する。1学期に比べて，書く量・内容ともに成長が見られた。これまで，根拠と理由を分けて書くように指導してきたが，根拠・理由を分けない形でも，しっかりと書くことができるようになってきていることがわかった。

【発言の多かった児童】

僕は，今泉さんと同じく固有種のすみかをできる限り残していくほうがいいと思います。なぜかというと地球は人間だけのものではないからです。人間たちが好き放題ばかりしていると，動物たちのすみかがどんどん消えていきます。それにも気づかずそのようなことをずっと続けてしまうと，気づくともうこの世にはいなくて絶滅してしまうことがあります。まあ，例でたとえると，ニホンオオカミやニホンカワウソなどですね。もう二度とこのようなことは起きてはだめです。そのために地球の支配者，人間がこれらの課題をクリアしなければいけないのです。 (So)

私は筆者の意見に賛成と反対です。反対の理由は，筆者は「日本にくらすわたしたちの責任なのではないでしょうか」と書いていますが，地球温暖化やプラスチックごみのポイ捨てなどは世界が協力しないと止められない問題です。賛成する理由は，次に日本の社会を創っていくのは私たちで，固有種の問題は私たちが解決しないといけないからです。 (Ha)

私は筆者の意見に賛成します。なぜなら日本にはたくさんの固有種がすんでいて，固有種は「日本列島のゆたかで多様な自然環境が守られていることのあかし」と書いてあって，日本の未来がよい方向に向くと思ったからです。固有種を守る→世界の人が評価をする→評価がＵＰ→たくさんの人が関心をもつ→環境全体がよくなるという感じです。 (Re)

私は筆者の意見に反対です！　理由は８段落や９段落に書いてある通り，人間の活動が活発になり，「固有種が減ってきている」と言っていますが，でも，それはしかたないことなのではないかと思ったからです。４～６段落でも，どんどん日本や世界が変化していることが書かれています。私はその変化は今も続いているのではないかと思ったので，反対です。 (Sa)

【発言の少なかった児童】

私は筆者の意見に賛成します。「今，絶滅が心配されている固有種が数多くいて，絶滅してしまうと，その動物には二度と会うことができなくなる」という例や「数万から数百万年もの間生き続けてきた固有種は，生物の進化や日本列島の成り立ちの生き証人としてきちょうな存在」なことは，日本が「ゆたかで多様な自然環境が守られていることのあかし」にもなることに納得したから。 (Ko)

筆者の考えに賛成する。「特別天然記念物にもかかわらず，地域によっては害獣としてくじょされるようになったのです」の文に反対した。なぜなら，「その動物には二度と会うことができなくなる」という文が心に残ったから。そして「絶滅が心配されている固有種」が多くいるから。人間の活動ではなく動物を優先したほうがいいと思う。 (To)

僕は筆者の考えに賛成です。なぜなら，絶滅してしまった動物は二度と会えなくなります。「生物の進化や日本列島の成り立ちの生き証人としてきちょうな存在」で，いなくなると研究が進まなくなります。なので，生き物の進化や日本列島の成り立ちの研究のほうが大事だと思ったからです。 (F)

筆者の考えに反対する。「それが，日本にくらすわたしたちの責任なのではないでしょうか」というこの例がおかしいと思います。なぜなら，この筆者は固有種を増やす活動を何かしているのか。自分が活動をしていなかったら，言えないはず。 (Ka)

【自主学習ノートに身近な固有種について調べてきた児童】

筆者の考えに賛成です。なぜなら，筆者は自然と生き物を守っていくのが人間の責任なのではないでしょうか，と語っていましたが，自然環境を破壊しているのは我々人間なのでこのままでは固有種が日本から消えてしまう可能性があるため，そして大事な尊い命を守っていくために私たち人間が生き物を守っていく必要があると思いました。生き物を支えてあげるのが大事な

んだあと思いました。 (Hi)

自主学習ノート

日本の固有種

1、ヨコハマナガゴミムシ

体長約2cmのゴミムシの仲間で、水辺の茂みに住み地を這い回って生活している。
1960年代に発見され、1979年（昭和54年）に新種として発表された。世界でも鶴見川にしか生息していない固有種で数が少なく、河川工事で生活場所も少なくなってしまい「絶滅危惧種Ⅰ類」の希少種である。
新横浜公園近くの河川敷ではこの虫のために護岸化が回避された故に捕獲採集は禁止されない。
①大都会を名にもつ珍しい虫だが、このような虫は他に「トウキョウヒメハンミョウ」や「トウキョウトラカミキリ」というものがいる。
～ついでに～
僕は新横浜で産まれました！それに鶴見川は僕の祖父母の家の目の前にあるので、日の出の時、鶴見川と一緒に日の出をとった写真もあります。（ぼくの学校のipadに）

国語の時間にもお話していた横浜の固有種についてくわしく教えてくれて、ありがとうございます。本当に生息地もいきがせまいのですね。身近なところにいて、すごいと思います。
見てみたかったら、声をかけてください！

2、ヤンバルクイナ
これは有名ですね！ではどうぞ！
1981年の数年前から山階鳥類研究所の研究者らは沖縄本島北部に位置する山原地域で種不明のクイナ類を目撃していた。1981年の調査で2羽を捕獲し（これらはいずれも形態の検討等の後に放鳥された）、その数ヶ月前に元のヤンバルクイナの個体を知る玉城長正により入手された1羽の死骸（剥製標本）とあわせて検討された結果学界に未知の新種であることが判明し、同年末に和名をヤンバルクイナ、学名をRallus okinawaeとして新種の記載論文が発表された。この剥製標本がホロタイプ標本とされた。これは玉城長正（国頭村鳥獣保護員でヤンバルクイナの特徴を知る）が与那の道路際で発見した死骸が、玉城に新種らしき鳥の死骸の確保を頼んでいた高校教諭の渡久地豊により剥製化され、山階鳥類研究所に寄贈されたものである。この「発見」の後になって、本種が以前から地元の人々にアガチャー（「慌て者」の意）、ヤマドゥイ（「山の鳥」の意）等の名で知られていたことが明らかになった！
続く！（次回も）

要旨をまとめ、自分の考えを３点セットを使って書こう。

（　　）番（　　）

5　授業を振り返って

今回の実践では，児童の既有知識や生活経験に基づいた具体的な理由づけを引き出すための工夫として，以下の３点を見出した。

①グループで読み解く。
②意見のずれを見逃さない。
③学習をパターン化する。

まず①によって，主体的に読解に参加できる。また，担当のグループの児童が発表し，聞き手の児童と対話を始める様子が見受けられた。

次に②については，教師が意図的に生み出す意見のずれもあるが，子どもたちが意見のずれに敏感に反応し，対話が活性化することが見えた。

最後に③について，説明文の学習の終わりに，同じ形式で「要旨＋自分の考え」を書かせてきたことにより，スムーズに書くことができた。また，「３点セット」によって書く力が伸びたことが見えた。

今回の実践では，一つの事例であるニホンカモシカが人間の都合に翻弄されたことに子どもたちが敏感に反応し，共通の体験や生活経験を織り交ぜながら話し合いを深めることができた。そのことによって，資料の効果や資料と本文の結びつきを超えて，内容について理解を深めることができた。そのことが，筆者の考えに対して自分の考えをまとめることにもつながったようにも思う。

一方，発言や文章の中には，論理的ではない部分も見受けられる。今後は，発言や文章を書くことにおいて，「３点セット」をさらに意識させるために，自分の文章を自己分析させることにも挑戦したい。

（結城しのぶ）

この授業のポイント

この授業前には一学期の「見立てる」「言葉の意味が分かること」の学習において，次のように子どもの既有知識や既習事項を引き出すことによって，子どもたちの知識が再構成されていった姿を見ることができた。

教師　このとき，Kさんが「すがたをかえる大豆」のときもって言ってた？

K　大豆のときって，例えば豆腐とか納豆とかあって（事例），最後（「おわり」の筆者の主張）なんちゃらかんちゃらちゃんちゃんて終わった感じ。

S　先生，今聞きましたか。豆腐とか納豆ってKさんが言ってたじゃないですか。ほら，こっちにもあみ，田んぼとか書いてあるじゃないですか。

Sは外国籍の子どもであり，学びへの主体的かかわりが難しい子どもの一人であった。このSが，既習の「すがたをかえる大豆」で「終わり」を言うために筆者は「なか」で事例を出しているという学びが友達の発言から出てきたときに，「すがたをかえる大豆」で学んだ論理展開の知識を用いて，「見立てる」の論理展開を理解しているさまが見てとれる。その後，「筆者が本当に言いたいことはなんだろう」ということをもっと深めたいという一人の子どもの発言から，要旨を読み取る形式的な学びの中を超えて，子どもたちは「３点セット」を活用して，論理展開・構造と内容を関連づけながら，自らの生活の中で言葉の意味を考える発言「面として理解すると，自分の問題点とかわかってくる」が生まれたのである。

こうした年間を通した「３点セット」の活用（二学期の対話練習や理科と連携したディベートも含めて）によって，子どもの学びはどのように進展していったのだろうか。第７時の資料６・７を担当したグループの発表によって生まれた対話を見てみよう。「天然林が減少」という言葉（根拠）から宿泊学習で見た経験が引き出される中で，Mは次のように発言した。

「Nさんが言った通り，『天然林が減少』とかって言っていたけれど，ニホンカモシカもエサを食べないと死んじゃうでしょ。だから，人間がやっても自然がやっても，どっちにしろ（芽は）食べられちゃうんですよ。（略）協力しないといけないんですよ。今，ウクライナ，戦争しているじゃないですか。やっぱり仲良くしないといけないんだよ。平和主義者です。僕たちは平和主義者と考えたら，ニホンカモシカも殺せなくなる。食べていいよって。でもずっと見てるよって」

「天然林が減少するのにともなって，植林地に現れ，幼木を食べるようになりました」という友達のあげた根拠をもとに，「ニホンカモシカもエサを食べないと死ぬ」と理由づけして，現在進行中のロシアのウクライナ侵攻のことなども引き出しながら自分事として読み取ろうとしている。また，文章構成について「３点セット」で話し合った第11時のプロトコルでは，段落と段落を関連づけながら，あるいは，接続詞である言葉に注目しながら，理由づけを深め合っている様子がわかる。

本実践には内容と形式の学びがやや乖離した部分も見られる。これは，子どもの側からの問いの引き出し方と関連することであろう。一学期の実践のような，子どもの側からの内容と形式に切り込まざるを得ないような問いが引き出されたとき，筆者の述べ方を通して筆者の見方・考え方が子どもの側に迫り，自分自身の生活を見直し，自分なりの見方・考え方が形成されていく。例えば，「なぜ筆者は～という言葉で結論を述べているのだろうか」といった子どもの側からの問いから批評読みが展開されていくと，内容と形式を統合しながら，子どもたちが根拠にこだわりつつ，理由づけを生活経験と結びつけるようなダイナミックな学びが展開していくことが期待される。

筆者の考えに対する自分の考えを「３点セット」でまとめた文章の中で，発言の少なかった子ども To の「『その動物には二度と会うことができなくなる』という文が心に残ったから」という記述は，根拠はあげているものの理由づけはまだ十分ではない。読むことが難しい子どもがこうした根拠を心に刻んでいくことが第一段階としては大切であろう。そのうえで，「どうしてその言葉が心に残ったのか，あなたの理由を教えて」と対話していくことになる。

（河野順子）

第7節
表，グラフや図から読み取ったことをもとに自分の考えを書こう―生き物をどう数えるか―

■「オリジナル教材」（小学校6年）

1　学習材の内容

本単元では，子どもらしい生活経験を引き出しながら，子どもに適した難易度で学べるようにすることをねらいとして，教科書単元ではなく，筆者がオリジナルの学習材を開発した。使用した主な学習材は次のとおりである。

①昆虫や動物等の静止画像（写真１・２）
②動物の数え方に関するアンケート結果の表（図１）
③動物の数え方を判断する理由に関するアンケート結果のグラフ（図２）
④ダチョウの静止画像（写真３）

学習材①は，生き物の数え方に対する子どもたちの興味関心を引き出すことを目的に開発している。写真１で示したハト，ツバメ，ニワトリを数える際の助数詞「羽」は容易にわかるはずだ。だがウサギを「羽」と数えることを知っている子どもは多くないことが予想される。同様に写真２で示したチョウを「頭」と数えることも生活経験にはなかったはずである。

学習材②③は，助数詞について子どもが意思決定する際に，客観的なよりどころとするためのデータである。データは前任校の４～６年生を対象にしたアンケート結果に基づいている。図１「動物の数え方」の表では，イヌとゾウは大きさに，ペンギンは種類と特性に，それぞれ左右されて助数詞の判断を迷う事例を選択した。図２の「動物の数え方を決める理由」では，対象児童が自由記述で回答した内容を分類した結果である。

学習材④は，「二□のダチョウが，柵の向こうからひょっこりと顔を出した」という一文にどのような数詞を入れるか，という課題提示のための学習材である。ダチョウの画像は，見る者に多様な感じ方を喚起する。課題に示した「ひょっこりと」という表現を重視すればかわいらしさが先立ち，「匹」を助数詞とするかもしれない。一方で，鳥らしからぬ容貌や飛べないという特性から「頭」を，鳥類という事実を優先して「羽」を選択する可能性も十分に考えられる。同様の特性をもつペンギンのような生き物を想起して，理由づけを図る子どもがいることも期待できる，いわば揺さぶり発問の機能も併せもつ学習材及び学習課題である。

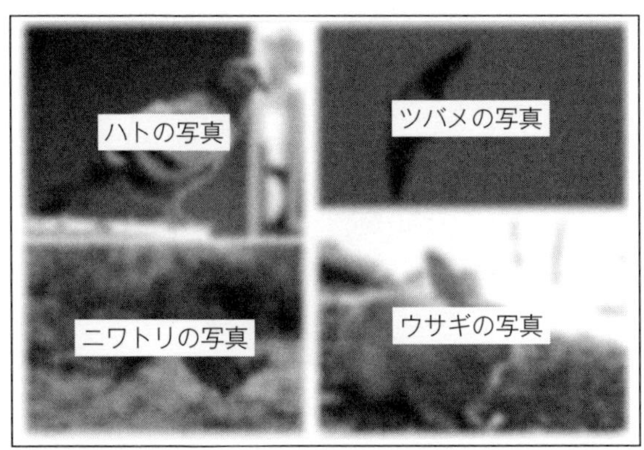

写真1

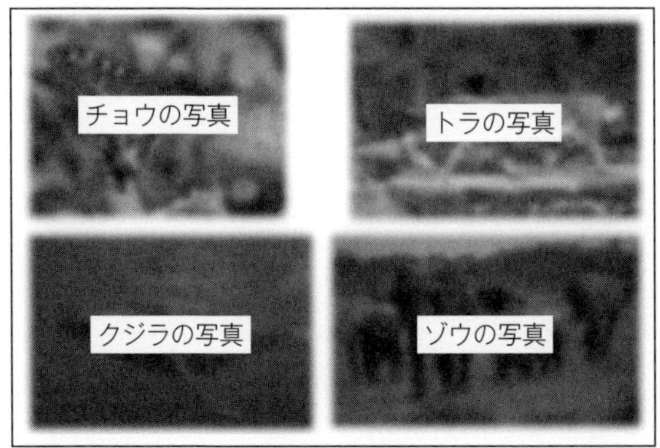

写真2

動物の数え方

	頭（とう）	匹（ひき）	羽（わ）
イヌ	48	52	0
ペンギン	15	48	37
ゾウ	81	19	0

図1

図2

次の□にふさわしい助数詞は何か。表とグラフから根拠と理由を明らかにして、自分の考えを書きましょう。

二口のダチョウが、柵の向こうからひょっこりと顔を出した。

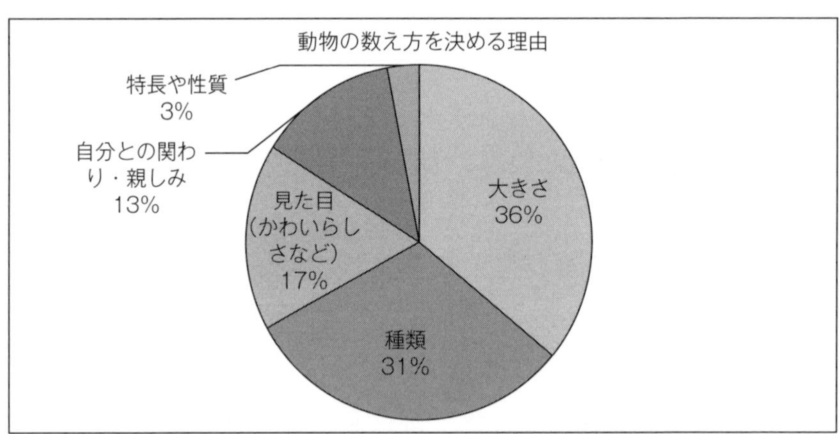

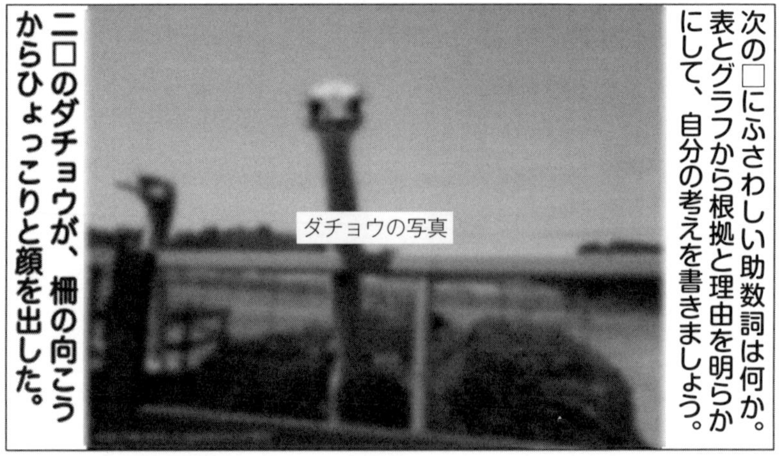

写真3

2　単元の目標

授業学級は，男女各15名，計30名の学級である。発想力が豊かで発言意欲が旺盛で，知的な興味関心が高い子どもが多い。感じたことを素直に話すことができる一方で，感じたことの根拠や理由を整理して話したり書いたりする場面では，根気強さを失いがちな子どもが多いことは課題である。

近年は，あらゆる生き物を十把一絡げに「匹」で数える傾向が高まっているように感じている。このことが，日本語の繊細さや美しさ，奥深さを見失うことにつながるのではないかと危惧している。子どもたちには，「数える」という些細な日常の行為にあっても，心の片隅に日本語への愛着と誇りを感じ，思慮深くあってほしい。このような姿勢や態度を，明確な論理をもって他者に伝えられるようにしたい。

ところが，各教科等の指導においては，根拠と理由の区別が明確になされていない。とりわけ国語科では，根拠として示した事象が，事実なのか意見・感想なのか判別できていないことも多い。例えば，前出の図１「動物の数え方」に関する表を見て，「イヌを＜頭＞と数える人は意外と多い」という感想を述べた子どもが，事実を伝えたつもりになっているというようなことはざらにある。「意外と」という認識はどこから生じたのか，「匹」の数値が拮抗していることは問題にならないのかなど，事実かどうかを疑ってみるためのデータは，その表の中に確実に示されている。「意外と多い」というのは，他の動物のデータと比較したり，自分の生活経験から導き出された予想や先入観と比較したりした際の感想であり，理由づけになら生かすことができる表現である。「動物の数え方」に関する表やグラフ，画像などの非連続型テキストは，冷静かつ客観的に事実を見極め，自らの生活経験を引き合いに出した意見や感想と区別しようとする態度を育てることができるなど，「根拠・理由・主張の３点セット」を学ぶ入門期の単元として適している。

3　指導計画

第1時　助数詞に関心をもつとともに，「動物の数え方」についてのアンケート結果を示した表やグラフから事実を明らかにする。

①生き物の数え方について，様々な事例をもとに考える活動を通して，助数詞に関心をもつ。

②「動物の数え方」「動物の数え方を決める理由」に関するアンケート結果を示した表やグラフを見て，事実と感想を区別して述べることの大切さを知る。

第2時　ダチョウの数え方について，「根拠・理由・主張の3点セット」で自分の考えを作文にまとめる。

①ダチョウの画像を見て，根拠・理由・主張を口頭で整理して考えを述べ合う。

②口頭で述べ合った考えを整理しながら作文にまとめる。

4　授業の実際（第1・2時）

第1時の導入は，学習材①を用いたクイズを行った。予想した通り写真1のウサギを「羽」と数えることを知っていた子どもは2名のみ，写真2のチョウを「頭」と数えることを知っていた子どもは皆無だった。

ウサギは耳の形が羽に似ている，「う」と「さぎ」といういずれも鳥類で形状の特徴に類似点がある動物を掛け合わせて命名したことに由来するなど，諸説あることを紹介した。チョウはヨーロッパでは植物園と動物園，遺跡などが単一の博物館として発祥した際に，生物はすべて「head（頭）」と数えられていたことに由来することを紹介した。子どもたちは，これらの事例から，日本語の助数詞の奥深さに興味をもったようであった。

その後，学習材②（前任校の子どもたち100人を対象とした「動物の数え方」に関するアンケート結果の表）を提示した。

第１時 「事実」と「意見・感想」を区別して述べる

表（図１）を見て５分間で気づいたことを端的に列挙するよう指示した。この段階で「事実」と「意見・感想」を区別するなどの条件は，あえて提示していない。その代わりに子どもの発言を黒板の上下に区別して板書し，上段には「事実」，下段には「意見・感想」を並べる心積もりであった。子どもたちは未整理の気づきを発表するに違いない。それらを上下段に区別して板書することにより，その傾向に気づき，「事実」と「意見・感想」を区別することについて主体的に学ぶであろうことを期待した。第２時では，「事実」は「根拠」に，「意見・感想」は「理由づけ」に転用できることに気づくことができるようにする予定である。

５分間の活動を経て，列指名で気づきを発表してもらった。

教師 それでは表を見て気づいたことを発表してもらうよ。（列指名する）
Ｃ イヌを「匹」ではなく「頭」と数えている。（「『匹』派？」と他の子どもに尋ねられて）僕は「匹」。
Ｃ 「頭」と数える人が多い。
Ｃ１ ウサギみたいにゾウも耳が大きいから「羽」と数えないのかなと思った。
Ｃ２ ペンギンって羽があるじゃないですか。だから，羽がついているのは「羽」と数えるんじゃないかな。
Ｃ３ 絶対に「匹」が多いと思ったのですが，「頭」が多くてその次が「匹」だった。
Ｃ 表を見てなんですけど，イヌとゾウは「羽」がゼロなんですけど，ペンギンだけは唯一ばらけている。

教師は最後の発言を「意見・感想」の欄に板書した。「ばらけている」が主観であると判断したためだった。しかし，後で振り返ってみると，この発言を「事実」として板書しておくことができたと考えている。

このくだりの板書内容はすべて下半分（「意見・感想」の欄）に位置づけることとなった。まだ見出しに「意見・感想」とは記していない。上半分の「事実」欄に記述できる内容が出るまで，もう一列分の子どもたちに聞いてみたが，結果は変わらなかった。

そこで，子どもたちが発表したものはすべて「意見・感想」と呼べるものであること，一方で疑いようのない客観的な事柄は「事実」と呼ぶことを，板書しながら整理した。

教師　みなさんが気づいたことの中で，「事実」に分類される気づきをしている人がいたら教えてください。

C　「頭」と答えた人は48％で，「匹」と答えた人は52％だ。

教師　素晴らしい！　数字で示すと「事実」になる。

C　「何人多い」だったら「事実」になる。

教師　そう。（板書しながら）これが「事実」です。ただ「多い」だと「意見・感想」になっちゃう。

C　ペンギンは，「羽」ではなく「匹」で数える人が11人多い。

C　イヌとゾウを「羽」と数える人はいない。

「事実」を判断することに，思ったよりも時間と手間を要したが，その甲斐あって，数え方について主体的に考えている様子が，Ｃ１・Ｃ２・Ｃ３の子どもたちの発言から感じられた。

第１時　数え方の判断基準に表れる見方・考え方

理由づけをする学習活動は，第２時の中心的な活動だが，既に第１時で，動物の数え方に対する関心が高まった子どもたちが，既知の内容を踏まえながら数え方の基準について発言していた。これが，後の理由づけにもつながる見方・考え方の表れた場面であった。

Ｃ４　ペンギンはウサギみたいに羽があるから「羽」になっているけど，実際には「羽」ではなく，「頭」や「匹」みたいに（数えることもできて）違うんじゃないかなと思った。

教師　「違うんじゃないかな」っていうのはどういうこと？

Ｃ　ペンギンは羽があるから「羽」なんだけど，ウサギみたいに「頭」や「匹」も当てはまるんじゃないかなと思ったということです。

教師　あ，なるほどね。

Ｃ５　「羽」って「はね」って書くじゃないですか，だからペンギンは「羽」っていうのはわかるんですけど，ゾウもウサギみたいに耳が大きいので「羽」と数えてもおかしくないし，さっきのアゲハチョウは羽があるのに「頭」って数えるのはなんでかな？　って……。「羽」って数えてるのに飛べなかったり，耳が大きいのに「羽」とは数えなかったりして，何が基準なのかなって思いました。

この発言に，他の子どもたちが騒然となり，互いの考えを伝え合っている。授業の前半で数え方に関する歴史的な意義について説明を聞いていた子どもたちの中には，Ｃ４やＣ５のように，助数詞に関する見方・考え方が更新され，その見方・考え方に照らして問いをもっている様子が見られる。

教師　みなさんから出た気づきは２つの種類に分けて黒板に書こうと思っていたのですが，見事に下の方（「意見・感想」）ばかりが出ました。

Ｃ　大きな動物，象とかは「頭」って呼ばれてて，小さいのは「匹」で数えられている。

Ｃ６　でも……（Ｃ　でもなに？）虫って小さいじゃないですか。

教師　ああ，さっきのチョウのことね。じゃあさ，こういうのはどう？　ゴールデンレトリーバーって犬，知ってる？（Ｃ　うん）みんなあれだったらなんて数える？

挙手を求めると,「頭」に1，２名が挙手し,「匹」に7，８名が挙手した。迷って挙手できなかった子どもが多かった。

Ｃ７　印象強ければ「頭」になるし，印象弱ければ「匹」になる。
教師　じゃあ聞くけど，生まれたてのゴールデンレトリーバーだったら？
Ｃ　「匹」！「匹」！
教師　同じゴールデンレトリーバーでも，生まれたてと大人だったら数え方が違っちゃう？　数え方ってちょっとわからないところがあるよね。

この場面でも，大きさで判断した子どもの発言に対して，Ｃ６のようにチョウはその限りではないことを主張している子どもや，Ｃ７のように「印象の強弱」という自分なりの判断基準について発言している子どもがいる。Ｃ７のいう「印象強ければ（弱ければ)」については，次時でも似たような見方・考え方を示した子どもがいたので後述するが,「他の動物にはない際立った特徴」という意味だと考えられる。

「事実」と「意見・感想」の区別の段階で，すでに子どもたちが既有知識や生活経験から理由づけにつながる発言をしていることがわかる。この時間では，他にも親しみやすさや身近さなどの関係性について言及されており，子どもたちの判断規準の多様さは，学習材③図２のグラフ「動物の数え方を決める理由」と同等の水準であった。

そこで第１時の終末では，学習材③図２のグラフ「動物の数え方を決める理由」を提示し，子どもたちの発言に内在する判断基準が，グラフと共通する項目が多いことを伝えた。そのうえで，第２時で考えてほしい課題として，学習材④写真３と課題「二□のダチョウが，柵の向こうからひょっこりと顔を出した。の□に入る助数詞は何がふさわしいか」を提示し，考えを作文にまとめることを予告した。

第２時　既有知識や生活経験（疑似体験）を踏まえて理由づけをする

第１時の終末に示した課題を再確認し，「根拠と理由を明らかにして作文を書く」という本時のゴールを伝えた。作文を書く前段階として，口頭で作文してみることに挑戦する場面を設定した。この活動を通して，第１時で学習した「事実」と「意見・感想」の区別を，そのまま「根拠」と「理由」につなげられるようにすることが，本時のねらいである。

C　「一羽，二羽」という数え方だと思います。理由は，ダチョウに羽があるじゃないですか。ニワトリも飛べないのに羽があるから「一羽，二羽」って数えるので，「羽」になるんだと思います。

教師　いま言ったことの「根拠」はどれで，「理由」はどこ？

C　「理由」が例として挙げた「ニワトリは飛べないのに羽をもっている」ということで，「根拠」は……「根拠」は……あれ？

教師　「理由」と「根拠」が同じだね（笑）。

C　「根拠」が「事実」で，「理由」がそこから考えたこと。

教師　いま，いいこと言ったね。「事実」は１時間目にやったよね。「そこから考えたこと」っていうのは，１時間目の学習でいえばなんだろう？（C　「意見・感想」！）そう，つまり「事実」が「根拠」に，「意見・感想」が「理由」に該当するんだよね。

C　自分にとっての「根拠」は，羽をもつ鳥類という「事実」で，「理由」は，「羽をもっているのに飛べないニワトリと同じだ」という特徴や性質が数え方を判断する決め手になるっていうことかな。

教師　すると結論は「羽」になるね。君の場合は？（C８を指名する）

C８　結論のところ？　写真だけ見たら「頭」です。

教師　写真だけ見たら？　面白いこと言ったね。どういうこと？

C８　だから，情報が違うと，見方や感じ方や解釈が違ってくるから……

教師　いいこと言うね！　なんの情報が違うと思った？

C８　画像からの「事実」と，ただ単に鳥類という（一般的な）「事実」では違うということです。

教師　それなら，この画像がなかったら，この□に何を入れる？

Ｃ８　二羽のダチョウ。

教師　種類だけを考えれば「羽」を入れるんだ。

Ｃ８　そう。でもこの画像を見たら印象が変わっちゃって……見た目が決め手になった。

教師　それで「頭」に変わったの？（Ｃ８が「はい」と答えると，他の児童から「へえー」と感嘆の声があがる）

教師　この見た目から何を感じたの？

Ｃ８　まず体がでかい。大きさ。ダチョウって凶暴な感じがしたので……それで圧倒的な凄さを感じたので，見た目で「頭」だと判断しました。

提示したダチョウの画像は，Ｃ８の子どもがこれまでもっていた，単なる飛べない鳥類としてのダチョウ像を更新した。その迫力ある外観が，数え方にも影響を与えた。「匹」ではなく，「頭」と数える理由づけとして，画像による疑似体験が作用したものと考える。

この後，隣席同士で「根拠・理由・主張の３点セット」で互いの考えを説明し合い，作文に書いてまとめる活動を行った。

5　授業を振り返って

最後に，子どもが書いた作文を一例示す。

> 小学校４年生～６年生100人を対象とした調査では，ペンギンを「羽」と数える人の割合は37％でした。ニワトリやペンギンもダチョウのように飛べませんが「羽」と数えられています。それは，動物の種類を数え方の決め手としているからです。ダチョウには茶色のふわふわとした羽が生えています。ということは鳥類です。このことから，ダチョウは「羽」と数えます。

表やグラフ，様々な生き物の画像などの非連続型テキストから「根拠」となる「事実」を明確にした活動は，この作文例からも効果の一端がうかがえる。第１時では，身近な生き物の数え方について事例をあげながら，子どもたち自身が数え方に関する判断の基準を多様に生み出していた。

一方で，第２時の前半は，ダチョウ画像の印象が強すぎて，子どもたちの判断に強く作用した。一枚の画像を鑑賞し分析する体験が，子どもたちの生活経験を凌駕してしまった。揺さぶりとしては機能したが，揺さぶりの振幅が大きすぎたと言わざるを得ない。

また，表やグラフに示された「事実」を「根拠」として叙述することについては，どうしても主観を挟んだ表現が多くなる傾向が見られたことも，今後の課題である。「事実」と「意見・感想」の区別について，もう少し時間をかけて学ぶ場面を設ける必要があった。

（京野真樹）

この授業のポイント

京野真樹先生は，第31回日本言語技術教育学会栃木大会（2022年７月２日，宇都宮大学）において「書くこと」領域で模擬授業を行った。本書の趣旨と合致する興味深い内容だったので，授業者の京野真樹先生に依頼して，実際の子どもたちを対象に授業をしていただいた。それが本授業である。学級の実態に合わせて，当日の模擬授業とは内容が若干変更されている。

京野先生は，次の２つの問題意識から本授業を構想した。

第一は，「あらゆる生き物を十把一絡げに『匹』で数える傾向が高まっている」という状況に見られるように，「日本語の繊細さや美しさ，奥深さ」が失われてきているのではないかという問題である。

第二は，各教科等の指導において，論理的な思考・表現としての「根拠と理由の区別が明確になされていない」という問題，とりわけ国語科では「根拠として示した事象が，事実なのか意見・感想なのか判別できていないことも多い」という問題である。

この２つの問題を乗り越えるために，それに特化したオリジナル教材を開発して授業を試みている。さまざまな写真・図表・グラフなどを学習材にして，根拠となる客観的な事実・データとそれを自分の既有知識・生活経験と結びつけて解釈して理由づけを行うことを目指している。

本時のメインとなる「学習材④」は，「二□のダチョウが，柵の向こうからひょっこりと顔を出した」という一文にどのような助数詞を入れるかというものである。京野先生も述べているように，この問題を考えるにあたって子どもたちのさまざまな既有知識・生活経験が喚起されるはずである。私自身も，模擬授業の指導案を見たとき，“鳥類とはいえスズメのように「羽」と呼ぶのはおかしい。体が大きく，地上を素早く疾走する姿から馬のように「頭」がよいのではないか”などと考えをめぐらせた。子どもたちもこの問題に主体的かつ意欲的に取り組んでいる様子が窺える。

実際，子どもたちはさまざまな既有知識・生活経験をもとに考えている。

例えば，「まず体がでかい。大きさ。ダチョウって凶暴な感じがしたので……それで圧倒的な凄さを感じたので，見た目で『頭』だと判断しました」（C８）という理由づけの発言は，写真３を根拠としていて，妥当性が高いものになっている。先の私の考えとも似ている。

京野先生の実践の工夫としては，教師が「根拠と理由の区別」を教え込むのではなく，子どもたちのさまざまな発言・記述を整理することを通して学習者自身が気づいていくという方略を用いたことである。第１時は，「事実」と「意見・感想」を区別することがねらいであるが，いきなりその違いを教えるのではなく，子どもの発言を板書する際に，上段に「事実」，下段には「意見・感想」を並べることによって，子どもたちが自然とその区別に気づくという主体的な学びが生まれるように工夫している。

第２時は，第１時で学習した「事実」と「意見・感想」の区別を，そのまま「根拠」と「理由」につなげられるようにしている。

こういう学び方をすることによって理解が深まり，知識・技能の習得も図られることになるだろう。

授業者の反省として，「ダチョウ画像の印象が強すぎて，子どもたちの判断に強く作用した。一枚の画像を鑑賞し分析する体験が，子どもたちの生活経験を凌駕してしまった。揺さぶりとしては機能したが，揺さぶりの振幅が大きすぎたと言わざるを得ない」と述べられている。しかし，それが有力な根拠・理由となって意見形成に重要な役割を果たしたことも事実である。それを補う意味で，ダチョウの生態・行動（疾走する姿，敵と戦う姿など）の動画なども提示することで，さらに多様な理由づけが生まれたのではないかと思われる。

「根拠・理由・主張の３点セット」，殊に「根拠と理由の区別」は，本実践のように，それに特化したオリジナル教材を使った学びを他の教材（教科書教材）や他教科とつなげて日常的・継続的に行うことによって確実に身についていくはずである。

（鶴田清司）

第８節
かぐや姫の言動から人間の心のありようを読み取る

■「竹取物語」（中学校１年）

1　学習材の内容

「源氏物語」の中で，「物語の出で来はじめの祖」とよばれ，日本最古の物語である「竹取物語」は，昔話として広く親しまれている。学習者は小学校での学習で，すでに「平家物語」「竹取物語」「枕草子」の冒頭文のいずれかを選び暗誦しており，古典のリズムを楽しんで音読する経験をもっている。「竹取物語」の内容に関しては，大まかなあらすじを知っているといった段階の学習者がほとんどである。

これまでの古典の授業では，「竹取物語」の親しみやすさや奇想天外な話の展開に頼り，現代語訳でストーリーを読み取ることに終始することが多くあった。教科書に掲載されている古文は，冒頭文をはじめとした物語全体のごく一部ということもあり，「竹取物語」の全容を捉えることが難しく，そこに描かれたかぐや姫の心情を十分に読み取ることができていなかった。

今回使用した教材では，冒頭文とともにかぐや姫の昇天の場面を切り取っており，会話文が多く含まれることが特徴である。そのことから，かぐや姫の細やかな心情を読み取りやすいと考えた。また，教科書には５人の貴公子のエピソードが現代文で掲載されており，興味を広げた学習者は副読本を使って原文と現代語訳を確認するようにした。より多くの原文に触れ，千年以上の時を超えて残された古文の言葉そのものに着目することで，「かぐや姫」が一人の女性としてどう描かれているかを読み取ることが，古典に親しむ第一歩となると考え，単元を構想した。

2　単元の目標

この授業実践を行った学校は，論理的思考力を鍛えることを目標の一つに掲げていた。まず，１年時に「三角ロジック」について学ぶ時間を設け，どの教科でも活用していくことを意識づけた。また，国語科では，論理的思考力を鍛えるために必要な思考のすべや身につけたい態度を一覧にした「思考の道しるべ」（図１）を作成した。各単元で言語活動を行う際に，この「思考の道しるべ」の項目を意識し，思考を深めるための力を養っていった。

「思考の道しるべ」の各項目で自分が理解し，実際に使うことができるようになったら，左端の欄にチェックを入れるようにした。その結果を３年間で３回集計し，定着状況を調べ，不十分な項目については，授業での言語活動に意識的に取り入れるよう工夫した。集計は，１年生（５月）・２年生（７月）・３年生（５月）の３回行った。

思考の道しるべ「問題を発見！新たな知の創造を！」				
Check A	Check B		考えを「広げる　深める　つなげる」　多面化→精緻化→構造化 1.5往復の言語活動　・　傾聴　・　最適解（納得解）	
		①	共感１	相手の意見に対してうなずく。（例）「なるほど」「私も同じ意見です。なぜなら……」
		②	共感２	自分と違う意見を素直に聞く。（例）「へえ，そうなんだ」「それは，どうしてそう考えるの？」
		③	反論する	（例）「……については，私は……した方がいいと思います。理由は……だからです」
		④	代替案	批判的思考　反対意見を述べるだけではなく，代わりとなる案を提示する。
		⑤	多面的	多面的思考　一つの物事を多面的に見る。（例）「別の角度から見てみようか」「こんな見方はどうだろう」
		⑥	問題の発見	（例）「みんなの意見から，……が問題なんじゃないかと考えます」→テーマや課題の設定へ
		⑦	軌道修正	論点から話がそれたとき。「話が横道にそれたので，○○の話に戻しましょう」
		⑧	仮説	予想を立てる。見通しをもつ。
		⑨	価値づける	他者の意見を評価する（例）「○○さんの……という考えがいいと思います。なぜならば……」
		⑩	因果関係	原因と結果を明確にする「その原因は……」「その結果……」
		⑪	具体⇔抽象	具体（例）「それは，具体的にはどういうことですか」「たとえばそれはどういうことですか」
		⑫		抽象（例）「どんな特徴がありますか」「それはつまり，……ということでしょうか」
		⑬	比較	共通点（例）「ＡとＢを比較すると，○○という共通点があることがわかるね」
		⑭		相違点（例）「ＡとＢとの違いは○○だね」
		⑮	三角ロジック	主張・意見　自分はどうしたいか。どう考えるのか。
		⑯		根拠・事実（例）「データから○○が読み取れます」「○ページの○行目には……」「最近，○○のようなことがあります」
		⑰		論拠・理由づけ　自分の知識や経験（例）「私は……という経験があります」
		⑱	裏づけ	理由づけの根拠　前例・法律・きまり
		⑲	限定	限定的な条件を明らかにする。→その考えに例外はないか
		⑳	予想される反論	他の立場からの意見を予想する。
		㉑	補足	（例）「○○さんの考えに対する補足ですが……」
		㉒	まとめ	（例）「ここまでの意見をまとめると……」
		㉓	他者から学ぶ	振り返り（例）「○○さんの仮説の立て方はわかりやすかったな」「○○くんのまとめの仕方はマネしてみたいな」
				年　組　番（　　　　）

図１　「思考の道しるべ」

学習者が最も身についたと回答した項目は「共感１（シンパシー）」（３年生88％）であった。これは，相手の話にうなずきながら聞くといった話し合い活動での基本的な態度である。その次に，多かったのは「共感２（エンパシー）」（３年生79％）である。この項目は，自分とは異なる価値観や考えも，相手を尊重する態度をもちながら聞くというものである。この「共感２（エンパシー）」という概念を学習者が共有することで，「三角ロジック」を使った学習が，自己の考えを形成するという段階から，多様な意見を受け止めながら議論し，自分の考えに取り入れ再構成していくという段階へと変わっていった。各教科で「三角ロジック」は主に自分の考えを形成する場面で活用した。例えば，１年生体育のマット運動において，自己の技能の課題を解決するためのレポートを作成した実践がある。「根拠：自己の課題」「論拠：学んだ知識や他者のプレーから学んだこと」「結論：解決方法」を書き込み，技能の向上に生かした。このとき，体育の先生が「一度『三角ロジック』でじっくり考えさせる経験をすると，毎回ワークシートに書かなくても，生徒がその思考を働かせていることが『振り返り』からわかる」と話した言葉が印象に残っている。また，２年生理科「動物の体のつくりとはたらき」において，観察の結果を「事実」とし，既習の知識を「論拠」として，どの分類になるか推論をさせる授業を行っている。

国語の授業では，「三角ロジック」を「根拠・理由・主張の３点セット」として言葉を解釈する活動を積み重ねてきた。「飛べ　かもめ」では，登場人物の心情の変化を捉えるために「かもめ」の呼称の変容をたどることで，表現の変化とその効果を学んだ。「大きなしみのようなもの」「かもめ」「紙切れか何か」といった呼称を「根拠」とし，少年の心情を推論していく活動である。また，「スズメは本当に減っているか」では，事実（表やグラフ）と筆者の考えを「３点セット」に当てはめながら読み取り，論の展開を詳細に読み取っていった。このようにして，「竹取物語」の単元を行う頃には，クラスで自分の考えを述べることに抵抗がない学習者が増え，他者の意見の多様さを楽しむ雰囲気があった。古典教材でも，この「３点セット」を活用することで，学習者に，昔話としては十分に語られていない，物語としての「竹取物語」を味わわせたいと考えた。

そこで，本単元では，「登場人物の言動から今を生きる私たちと共通する人間の心のありようを読み取ること」をめあてとした。

従来の授業では，現在の人間との感情の重なりとして，翁のかぐや姫への愛情やかぐや姫の翁への思いを読み取ることにとどまっていた。この実践では，「根拠」となる古典の言葉そのものに着目させ，登場人物の会話文や振る舞いから，かぐや姫の多様な心情を読み取っていく単元を設定した。

なお，この単元では，「３点セット」の理由と主張を分けて考えていくと，主張として「優しい気持ちが出ている」「悲しいと感じている」など，単純な記述となってしまうことが予想されたため，学習者の発想をそのまま生かすため，古文の叙述を「根拠」とし，「理由」と「主張」を学習者の経験に基づいて考えたこととし，まとめて記述することにした。

3　指導計画

第1次

第１時

・歴史的仮名遣いの確認と音読（毎時間）。

・紙芝居「かぐやひめ」で昔話のストーリー全体を確認し，古典としての「竹取物語」との比較ができるようにする。

第2次

第２～４時

・現代語とは異なる古典の言葉の意味や表現を確認し，各自でノートに現代語訳を書く。

第3次

第５時

・「３点セット」を使って，作品に描かれた人間の心のありようを読み取り，グループで交流する。

・話し合ったことをもとに，自分の考えを再度「3点セット」に書き込み考えを深める。

第6時

・同じ根拠を選んだメンバーで新たにグループになり話し合う。各グループで話し合ったことをクラス全体で共有する。

・学習した内容について，「振り返り」を記入する。

4　授業の実際（第5・6時）

古典の言葉から登場人物の心情を読み取るために，第5時では心の動きを捉えやすい「竹取の翁」に着目し，学習活動を始めることにした。

教師　では，まず，冒頭文で翁の気持ちがわかる部分はないか，見ていきましょう。前の時間に，Aくんが「どうして翁は竹の中で見つけた姫を育てようと思ったのか」という疑問を書いてくれていました。確かに翁は「子になりたまふべき人なめり」と言っていますね。これはどういう意味だったかな，現代語訳から探してみてください。

A　「（私の）子におなりになるはずのかたのようだ」です。

教師　そうですね。ではなぜ自分の子どもになるはずの人だと思えたのでしょうか。こんなふうに竹の中に人がいたら，自分の子どもだと思える？　どう？

全体　いやー，思えへんやろ。

B　このおじいさんは，願いが叶ったと思えたんやない？　**昔話でも苦労が報われたとか，という話があるし……**

教師　なるほど，苦労が報われたと考えたのは，どの言葉からかな。

B　「我，朝ごと夕ごとに見る竹の中におはするにて知りぬ」と書いてあって，毎朝毎晩一生懸命仕事をしていたから，**その努力が実ったみたいに**翁は感じていたと思う。子どもが欲しかったから，かぐや姫を見つけたとき，喜んだと思う。

全体　あー。

【注】「理由」は太字にしている。

Ｂの発言で，クラスの生徒たちは「なるほど，そんな読み取り方もあるんだ」とその発言に共感している。Ｂは，竹の中から見つけた「三寸ばかりなる人」を自分の子どもとなるべき人と確信できた「根拠」として，これまでの翁の苦労や願いが伝わってくる叙述を見つけている。そして，「昔話の例」や「日頃の努力が報われた経験」を「理由（論拠）」として，翁の心情を読み取っている。この発言から，他にも深く心情を読み取れる叙述はないか探す学習が始まった。

まず，ワークシートを使って，個人で教材の古文から「人間の心のありよう」が表れていると考えられる叙述を探し，自分の考えを記入した。なかなか根拠が見つからなかったり，書き進められなかったりする学習者の姿もあったため，４～５人のグループで記述したことを交流した。そこで考えついたことをワークシートに記入し，次の第６時では，共通の根拠を選んだ者同士がグループとなり，考えを深める機会とした。

学習のめあて（第６時）
「根拠・理由・主張の３点セット」を使って，作品に描かれた人間の心のありようを読み取り，グループで話し合おう。

Ａグループ

〇根拠「いささかなめたまひて，少し，形見とて，脱ぎおく衣に包まむとすれば」

1C 「いささかなめたまひて」ってあるけど，なんでちょっとだけなめたんやと思う？

2D かぐや姫は月へ帰らなアカンと思っていた。だから，ちょっとでもなめておこうと思ったんやないかな。

3E えっと，僕は，薬に対して何も知らずなめることになって，警戒しているんかなと思った。

4C そうそう，自分が試しに飲んでみることによって本当に安全な薬かどうかを確かめてる……自分のためじゃなくて……翁や嫗のためで，**毒見みたいな感じ。**でも，なめたってことは天人の言うことも聞いてる？

この「いささかなめたまひて」というかぐや姫の行動には，はっきりした理由が見つからず解釈が分かれた場面である。4Cの発言では，3Eの「警戒」という言葉を受けて「薬を翁や嫗に残すために試しになめた」と解釈している。その「理由」として，「毒見みたいな感じ」と既有の知識を当てはめている。話し合いの後の学習者Cのワークシートでは，「月に帰らなくてはならないと思いながらも，人間の世界のことを忘れたくないので『いささか』なのではないか」とある。天人の言葉に意外にも従順になっている姫の態度と人間世界への未練といった2つの側面を読み取っている。

古文の「いささか」という言葉に着目することによって，この場面では，かぐや姫が月に帰る運命を受け入れながらも，自分の意志で行動しようとする姿を読み取ることができた。

Bグループ

○根拠「形見とて，脱ぎおく衣に包まむとすれば，ある天人包ませず」

1F 天人は，その前に「きたなき所の物きこしめしたれば」と言っているし，人間がいる世界をあまり好きじゃないし，人間のことも好きじゃないと思ってて……その後，かぐや姫は薬を形見にしようとして，着物に包もうとするところも「包ませず」って止められているので，（かぐや姫は）

腹が立ったんやないかな。ここで，感情が出てる気がする。

2G　そうだね。それで……「包む」っていうのが気になって考えたんやけど，薬をそのまま受け取るんやなくて，わざわざ着物に包もうとしてるのは，「気遣い」やと思う。なんて言うんだろ……**今だって，人に贈り物をするとき包むやんか。**

3F　そうか，自分だったら腹が立つって思ったけど，かぐや姫は全く別のこと考えていたのかも。確かに，薬を自分のものにしようと思ったんだったら包まないか……

この会話でも，自分の思いや知識と結びつけることによって，かぐや姫の行動を複数の側面から分析している。感情面を捉えている学習者Fは，自分自身をかぐや姫の立場に重ねることで「腹が立っている」と捉えている。一方で，行動面を捉えて「包む」に着目した学習者Gは，「贈り物を包む」という古来の習慣を理由づけとし，「気遣いをする」という人間のありようを発見している。

その後，学習者Gのワークシートには次のような記述が見られた。「形見」という言葉の意味を理由づけとすることで，かぐや姫の翁たちへの思いの強さを読み取っていることがよくわかる。

【根拠】「形見とて，脱ぎおく衣に包まむとすれば，ある天人包ませず」
形見というのは，離れていてもそれを見るとその人のことを思い出すものだから，ただ，形見として置いておくということじゃなく，形見を見ていつでも思い出してほしいという気持ち。

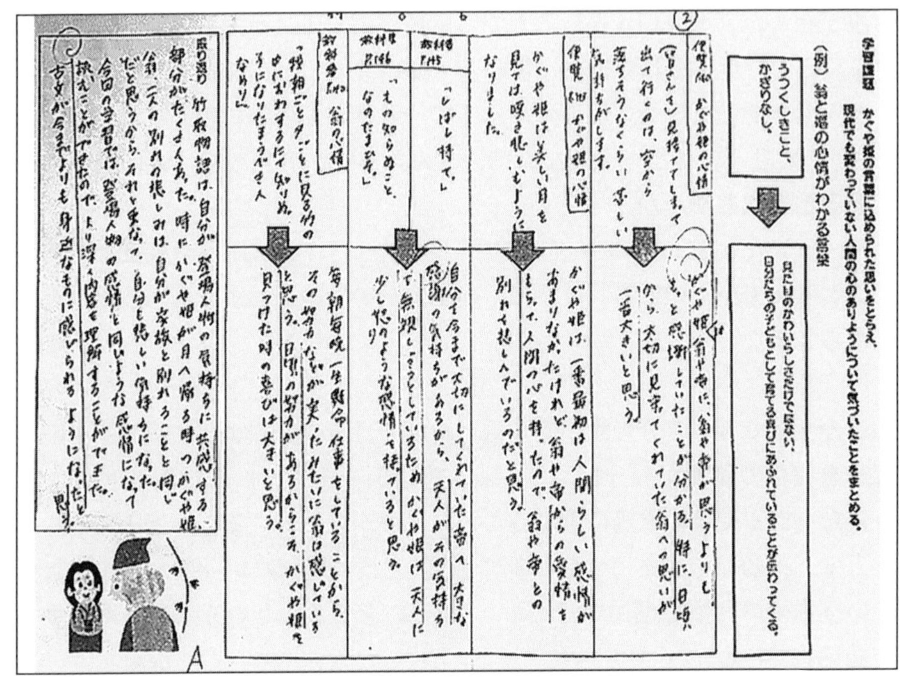

図２　ワークシート記入例

Dグループ

○根拠 「かぐや姫，『もの知らぬこと，なのたまひそ』とて」

1H　天人が急がせたから怒っている。翁や嫗を思う心を天人に否定された怒りもあると思う。

2I　そう，冷静に言い切っているけど，本当はかぐや姫も怒っているのが伝わってくる。**「礼儀をわきまえなさい」って感じで**，人間としての心が一番出ている……かぐや姫は天人と違って，人間界のことを大切に思ってるから……

3H　物語の最初らへんと比べると，（自分たちが）当たり前と感じるような感覚になっている。

4J　怒っているけどさ，悲しい気持ちもある。別れづらい気持ちを一生懸命こらえている。だって，天人にはその気持ちわからないから……**常識がわかってないっていうか。**

ここでは，学習者Ｊは「(天人は人間界の) 常識がわかっていない」ということを「理由」とし，かぐや姫の「いら立ち」や「悲しみ」の気持ちを読み取っている。人間の心のありようの一つに，自分の住む世界の常識に従って行動するという視点が出ている。これまで５人の貴公子や帝からの求婚を断ってきたかぐや姫の態度からは，頑なで人間界に馴染まない様子を読み取っていた。かぐや姫の振る舞いを判断するために，「常識」「礼儀」といった意外な言葉が学習者の口から出てきた。次のグループでは，もう少し長い文章を根拠として考えを深めている。

Ｅグループ

○根拠「天人，『遅し。』と心もとながりたまふ。かぐや姫，『もの知らぬこと，なのたまひそ。』とて，いみじく静かに，朝廷に御文奉りたまふ。あわてぬさまなり」

１Ｋ　天人からの「遅し」という言葉にも耳を貸さないで，帝への手紙を優先するほど人間の気持ちに近づいている，愛情とか……人を大切にしようという気持ちがある。

２Ｌ　だから，いらいらしている天人に対して，怒ってるんだけど，次の瞬間すごく冷静じゃない？　なんで？

３Ｋ　自分から場を静かにして，心を落ち着かせようとしているような感じ。だって，もうすぐ記憶がなくなってしまうし……**自分が集中したいときはしゃべらないし，そんな気持ちになる。**

４Ｍ　私も，天人に怒った後，次の瞬間ものすごく冷静になっている気がする。自分がもっている気持ちにすごく素直になっている。**手紙を書くときは，心が落ち着いていないと書けへんと思う。**

学習者Ｋのワークシートでは，次のような記述が見られた。

【根拠】「あわてぬさまなり」
自分の意志をもっていたら，自分が正しいと思った方を優先させる。
だから，天人に「遅し」と急がされてもあわてるような様子はなく冷静であった。

この場面でも，天人とかぐや姫の言動を対比させることで，両者の考えや立場の違いが明確に浮かび上がってくる。かぐや姫の主張がしっかりできる様子や，冷静さをもち合わせたうえで天人をたしなめている姿を捉えている。

話し合いの後，最終的な考えをワークシートに記入したうえで，学習者自身が「理由」・「主張」それぞれに色ペン等で傍線を引いた。こうすることで，自分の文章を読み直し，「根拠は書けているか」「理由づけは主張とつながっているか」等，不十分な要素を確認し，さらに文章を練り直すことができる。この傍線を引く作業を入れることで，教師も学習者の記述の不十分さを見取りやすくなり，「どんな経験が当てはまるかな？」「どの言葉からそれを感じたか，探してみよう」と，指導に生かすことができる。こうして曖昧だった考えを他者との対話によって何度も練り直し，登場人物の心情を多面的に捉え直すことができた。

5　授業を振り返って

「竹取物語」に描かれたかぐや姫の複雑な心情を捉えることができたのは，文脈を捉えながら，言葉そのものに着目することができたことが大きい。複数の言葉を「根拠」としながら，自分の経験や思いと重ねることで，「悲しみをこらえる気持ち」「自分の気持ちに正直になる」「怒りを抑えながらも冷静さを保とうとする気持ち」など，かぐや姫の心の動きに寄り添い，その息づかいを感じていた。天人とかぐや姫を対比させることによって，「育ててくれた人への感謝の気持ち」「礼儀をわきまえること」など，学習者は自分たちが考える常識を「理由」として解釈し始めた。そして，それは時代を超えた「人間としてのあるべき姿」を考えていくことにつながった。

平安時代の女性のイメージとして，「おしとやかである」「自分の考えを口に出さない」「（物語の）最後に結婚する」といった，どの昔話にも当てはまるようなステレオタイプの女性像が思い浮かぶ。しかし，どうやらかぐや姫はそんな型にはまらない女性として描かれていることに気づいた。それは，現代にも通ずるたくましく，しなやかな女性像である。

特に，かぐや姫の昇天の場面では，自分の考えや思いを言葉や態度で表現する姫の姿が豊かに描かれており，その冷静で毅然とした態度に憧れさえ抱く発言も多くあった。令和の時代においても理想とするような女性像が平安時代初期に成立した「竹取物語」の中に生き生きと描かれていることに驚くとともに，千年以上の時を超えて今に伝わる物語の力を改めて感じることができた授業となった。

（辻村重子）

この授業のポイント

現行の学習指導要領（中学校）の「言語文化」に関する内容を見てみると，どの学年でも「古典の世界に親しむこと」が目標となっている。

しかし，今の中・高校生にとって古典の学習は，もっぱら試験によって動機づけられているといっても過言ではない。まるで外国語のように古典文法を暗記することが国語の得点アップの近道と考えられている。現代文では差がつかないので，古典で差をつけるというわけである。しかも，そこでは「テストに出ることが予想される内容のみを暗記し，得点に結びつかない無駄なことはできるだけやらない」という「ごまかし勉強」が蔓延している（藤澤伸介（2002）『ごまかし勉強（上）』新曜社，p.114）。

生徒に古典を学ぶことの面白さや意味をどう理解させていくかという本質的な問題を抜きにして，いくら古典教育の重視を叫んでも，ますます学習者との乖離が広がるおそれがある。

私は，そのための一つの手がかりとして，古典作品を現在の日本とかけ離れた世界の物語と見るのではなく，むしろ，自分たちの生活や見方・考え方・感じ方とつながっていることを実感させることが大切だと考えている。つまり，古典の世界を他人事として捉えるのではなく，自分の既有知識，感覚・感情，生活経験と結びつけて〈わがこと〉として理解するのである。それによってこそ「古典に親しむ」ことができると思われる。

辻村重子先生の実践は，その点で大変に興味深いものとなっている。

本単元は，「登場人物の言動から今を生きる私たちと共通する人間の心のありようを読み取ること」をめあてとしている。これはまさに〈わがこと〉として古典を読むことに他ならない。「学習者の発想をそのまま生かすため，古文の叙述を『根拠』とし，『理由』と『主張』を学習者の経験に基づいて考えたこととし，まとめて記述することにした」という手立ても適切である。

実際，辻村先生もいうように，「複数の言葉を『根拠』としながら，自分の経験や思いと重ねることで，『悲しみをこらえる気持ち』『自分の気持ちに正直になる』『怒りを抑えながらも冷静さを保とうとする気持ち』など，かぐや姫の心の動きに寄り添い，その息づかいを感じていた」という学びが生まれている。そして，「育ててくれた人への感謝の気持ち」「礼儀をわきまえること」といった「時代を超えた『人間としてのあるべき姿』を考えていく」という成果も得られている。従来から，作品の普遍的な価値として，主題や思想を捉えるという目標が設定されてきたが，ともすると自分と関係のない抽象的な言葉としてまとめられる傾向があったが，本実践は自分自身も含めた普遍的な人間の真実を〈わがこと〉として捉えているのが特徴である。

さらに，自分の生活経験と結びつけて考えている生徒の発言や記述を見てみよう。

2G　そうだね。それで……「包む」っていうのが気になって考えたんやけど，薬をそのまま受け取るんやなくて，わざわざ着物に包もうとしてるのは，「気遣い」やと思う。なんて言うんだろ……**今だって，人に贈り物をするとき包むやんか。**

3K　自分から場を静かにして，心を落ち着かせようとしているような感じ。だって，もうすぐ記憶がなくなってしまうし……**自分が集中したいときはしゃべらないし，そんな気持ちになる。**

4M　私も，天人に怒った後，次の瞬間ものすごく冷静になっている気がする。自分がもっている気持ちにすごく素直になっている。**手紙を書くときは，心が落ち着いていないと書けへんと思う。**

このように，生徒たちは，かぐや姫の心情を〈わがこと〉として切実に捉えている。

現代の作品であれ古典作品であれ，また洋の東西を問わず，すぐれた文学作品には地域や時代を超えた普遍的な価値，人間の真実が表現されている。中学校や高校においても，古語や文法の暗記といった試験勉強に走るのではなく，今を生きる生徒たちが作品世界を〈わがこと〉として想像・共感していくような学びを生み出していきたい。

（鶴田清司）

第９節
龍田中そこまで言って委員会！ —私たちの未来について考える—

■「合意形成に向けて話し合おう」（中学校３年）

1　学習材の内容

中学校学習指導要領の第３学年「話すこと・聞くこと」の指導事項には，「オ　進行の仕方を工夫したり互いの発言を生かしたりしながら話し合い，合意形成に向けて考えを広げたり深めたりすること」とある。しかし，一口に「合意形成」といっても，そのために必要とされる話し合いの力は多岐に渡る。そこで，「根拠・理由・主張の３点セット」をコミュニケーション能力の基盤としたうえで，「合意を形成するために必要な話し合いの力とはなんであるか」を生徒とともに考え，創り上げていく学習を目指していった。

そこで，同じ教科書に載せられた説明的文章である，「人工知能との未来」（羽生善治）と「人間と人工知能と創造性」（松原仁）という２つの文章を用いて，「これからの人工知能の開発と利用のあり方」について話し合うという題材を設定することにした。文章に書かれている情報や，調べ学習を通して得た知識を根拠とすることで，『これからの人工知能の開発や利用をどのように進めていくべきか』というテーマについて自らの知識や経験をもとに類推して理由づけし，話し合いを深めていくことができると考えた。

2　単元の目標

本学年は，私が３年間を通して国語の授業を受けもってきた学年で，全体的に素直な生徒が多く，どの教科の学習にも意欲的である。反面，話し合いに関しては，自分の意見を積極的に発表する生徒と消極的な生徒がはっきり分かれており，一部の生徒だけで話し合いが進んでいくことも多い。

話し合いの学習に関しては，１年生のときにグループディスカッションを行い，基本的な話し合いのスキル（授業の中では，「話し合いのワザ」と呼んでいる）を身につけてきた。また，２年生のときにはディベートを行い，自分の意見に説得力をもたせるためのワザ（授業の中では，「説得のワザ」と呼んでいる）を中心に学んできた。これらは，生徒とともに３年間の授業の中で少しずつ創り上げてきたものである。これらのワザの中でも，本単元で特に重視したのは「説得のワザ」の「③経験をもとにする」であり，鶴田清司（2020）の提唱する「生徒の既有知識や生活経験に基づいた具体的な理由づけ」を豊富に引き出すことであった。そのうえで，さまざまな「話し合いのワザ」や「説得のワザ」を意識しながら話し合い，合意形成に向けて互いの考えを深めていくことができることを目標とした。

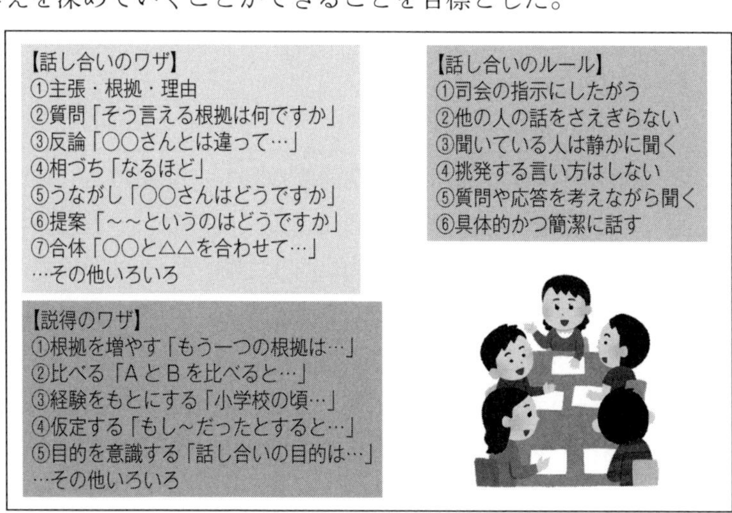

生徒とともに創り上げてきた「ワザ」の一覧表

3　指導計画

第０次　他単元の学習と並行して，短い話し合いを帯単元として２回行う

①「高校駅伝の誘導ミス問題」について話し合いを行う。

②「香川県のゲーム条例問題」について話し合いを行う。

第１次

第１時　これからの話し合いについて課題意識をもつ。

第２時　２つの説明文を読み，人工知能の長所と短所を確認する。

第３時　人工知能について調べ，話し合いに向けて自分の考えをもつ。

第２次

第４時　話し合いの流れを確認し，グループで１回目の話し合いを行う。

第５時　動画をもとに１回目の話し合いを振り返り，グループのメンバーを替えた後に２回目の話し合いを行う。

第６時　単元全体を通した話し合いを振り返る。

4　授業の実際

第０次

本単元の学習に入る前に，他単元の学習と並行し，２回の話し合いを行った。帯単元のようなイメージである。前時の授業の最後に，最近のニュースの中から話し合いの話題を提示し，それに対する自分なりの「根拠・理由・主張」を考えてくることを宿題とした。そして，次の時間の最初にその話題について10分程度の話し合いを行い，これまでに学んだワザについて振り返っていった。話し合いのテーマとして選んだのは次の２つである。

①２位になった高校に対して，なんらかの救済措置をするべきか？

→2022年11月のニュース。男子高校駅伝の新潟県予選で，運営側の誘導により１位だった高校が道を間違えた結果，順位が落ち，全国大会に出られなくなったとして，高校側が救済措置を求めたという問題。

②香川県で制定されている「ゲーム条例」を残すべきか？　廃止するべきか？

→2022年８月のニュース。香川県では「子どものゲームは１日60分まで」という目安が条例で定められている。これに対して，高松市の高校３年生が「条例は憲法違反である」として県を提訴したという問題。

どちらの話題も，子どもの生活経験に基づいて考えられそうな話題としてピックアップしたものである。これらの話し合いの中で，ワザをうまく使えている発言があった際には，次の時間に全体に紹介するようにしていった。「質問」や「反論」などのさまざまな発言を紹介する中で，「経験をもとにする」というワザを使っていた発言としては，上のものを紹介した。その際，教師は次のように全体への意識づけを行っていった。

「1日60分」とありますが（根拠），ダイエットの場面で考えてください。ダイエットの時に制限をかけられると，より食べたくなってしまうんですよ（経験）。だから，ゲームも同じで制限をかけられるとよりしたくなってしまう人もいると思うので，依存症の予防にはならないと思います。

教師　これまでもやってきたけど，やっぱり，知識とか経験からの理由づけって面白いですよねー。思わず「確かに」ってなっちゃう。

第1次

第1時では，今回の話し合いの課題に対する問題意識をもたせるために，「シンギュラリティ」という概念について以下のように説明した。

教師　みなさん，「シンギュラリティ」って知っていますか？（中略）人工知能が人間の能力を超える時点や，それにより人間の生活に大きな変化が起こるということを言います。「人工知能が人間の手を離れる」という言い方もされますね。これが起こるとどうなると思う？
C　人間が人工知能に支配される。

さらにこの後，人工知能ロボット「ソフィア」についての動画を全員に見せた。このロボットは，AI開発者のデイビット・ハンソン氏によって開発されたもので，人間と同じように思考し，表情を作り，会話ができるロボットである。テレビ番組の対談の中で「人類を滅ぼす」という言葉を発したことでもたびたび話題になっている。この「人類を滅ぼす」という発言を動画で視聴した生徒たちは，人工知能の未来について真剣に考え始めていった。

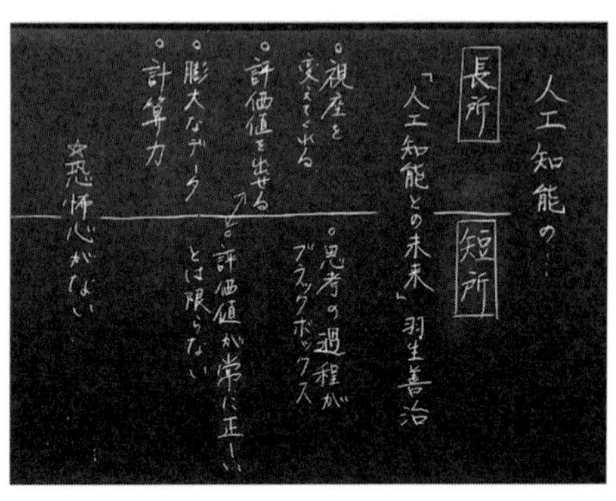

文章から出した人工知能の長所と短所

第２時では，「人工知能との未来」と「人間と人工知能と創造性」の本文を読み，人工知能の長所と短所を確認していった。

これら２つの文章は，どちらかといえば人工知能の開発に肯定的な立場であり，人間と人工知能がいかに共生していくかを述べている文章である。この学習を経たことで，第３時では人工知能に対する積極派が増え，積極派と慎重派の人数は，大体同じくらいの数になってきた。

第３時では，話し合いをする際の観点となるように，「具体的にはどのような仕事は人工知能に任せられるか」まで考えさせた。「完全に任せられる」を○，「部分的に任せられる」を△，「任せてはならない」を×として，それぞれの主張の一部に組み込ませた。生徒の身近に存在する職業について考えさせることで，既有知識や生活経験に基づいた思考が活性化されると考えた。

主張
　慎重に進めるべきだと思う。

根拠・理由
　AIと人間は得意なことが違う。だからそれぞれの得意なことを生かして生活をすることができるのが一番いいと思う。ただ，AI には恐怖心がない。それは警察官などの職業につくと有利に働く特徴だ。恐怖を感じないため，緊急事態に陥った時に冷静に対処することができるからだ。だがそれは人間の恐怖心を分かってあげられないということでもある。教師がAIになったら，子どもが何かに恐怖を感じていたとしてもその気持ちを理解できずに適切な対処ができず状態を悪化させてしまうことが考えられる。なのでAIが人間に何も悪意をもっていなかったとしても人々を不安にさせたり，傷つけてしまうことがあると思う。人々の生活を豊かなものにするためのAIなのにその生活を脅かしてしまうのは本末転倒である。

具体的には…
(○か△か × か)

教師…×
医者…○
政治家…△
店員…○
クリエイター…△

その他…
警察官，消防士等…○

第2次

第４時は，次のような流れで進めた。

①学習してきたワザの確認
②意見の修正
③グループに分かれて役割の分担（司会・記録・発表・庶務）
④話し合い
⑤話し合いの自己評価・振り返り

まず，「話し合いの自己評価・振り返り」の際に自己評価が最も高かった班の話し合い（以下，「話し合いⅠ」）の後半部分を紹介する。

1C　僕は政治家を人工知能に任せるのは怖いなと思ってるんですけど，Ａくんが政治家を△だと思った理由を教えてほしいです。

2A　ええ，政治家が△になってる理由はですね，やっぱりその確かに政治という面において人間はAIより勝っていると思います。でも，**今の日本はやっぱり政治家汚職事件とか賄賂とか，妙な事件がはびこっている**んですよ。

3C　確かに。

4A　**だから真面目な政治ができてないじゃないかって言われている**んですよ。これからの日本の未来を守っていくためにも，AIをうまく使っていって，政治をした方が，真面目に政治をすることによってこれからの未来を守れると思ったので，△にしました。

(中略)

5C　Ａくんの政治家の意見に反論で，**政治家っていろいろな交流関係をしているんですよ。例えば，安倍元総理大臣。彼は，トランプ前大統領とゴルフをしたり会話して交流を深めています。それはやっぱり，感情があってこその行為だと思います。**でもAIにそれはできないと思います。

6A　なるほど。確かにその面においてはAIはやっぱり交流はできないと思いますし，だから，どうすれば……その面においては，僕の意見は間違いだったと思います。

(中略)

7C　Bさんに質問で，僕は，教師は別にAIがしてもよいと思うんですけど，なぜ×にしたのかを聞きたいと思いました。

8B　私は，**教師は生徒を指導する面で，心もやっぱり指導すると思うんですよね。そういうときに，なんかロボットにされると，子どもも，大人もちゃんと子どもから大人の心に成長している，一回子どもを経験しているわけですよ。その経験から，やっぱり生徒たちに寄り添っていると思う**ので，教える分には全然使ってもいいと思うんですけど，やっぱり，子どもたちとの感情の面では，やっぱりAIはできないのではないかなって思いました。

9A　同じです。

10C　はい。

11A　お願いします。

12C　Bさんの意見を踏まえて，一つ僕は考えました。やっぱり，教師としてのメインは人，人間がやって，教える面でのサポートを，AIを通してやっていき，生徒の心のケアなどはやっぱり人間がすればいいんじゃないかなと思います。だから，△。

13B　私も△に変わりました。

太字部分は，生徒の既有知識や生活経験をもとにした理由づけである。注目したいのは，こうした知識や経験をもとにした理由づけが，話し合いの中で生じた対立を解消し，合意形成に寄与していることである。具体的には，この班の話し合いでは大きく分けて２つの対立が生じていた。

① 政治家をAIに任せてよいかどうか（プロトコルの１～６）

② 教師をAIに任せてよいかどうか（プロトコルの7～13）

まず，①の対立については，Cの「例えば，安倍元総理大臣。彼は，トランプ前大統領とゴルフをしたり会話して交流を深めています。それはやっぱり，感情があってこその行為」という理由づけにより，Aは納得し，それまでこだわっていた考えを撤回している。

次に，②の対立は，Bの「大人もちゃんと子どもから大人の心に成長している，一回子どもを経験しているわけですよ」という理由づけが出たことで，Cは「教える面でのサポートを，AIを通してやっていき，生徒の心のケアなどはやっぱり人間がすればいいんじゃないかな」と，自分の意見と相手の意見を合体させた新たな考えを生み出している。

これらの事例から，「生徒の既有知識や生活経験に基づいた具体的な理由づけ」には，他者を深く納得させ，話し合いの中で生じた対立を解消させる力があると改めて感じさせられた。しかし，1回目の話し合いから合意形成がうまくなされた班もあれば，そうでない班もあった。そこで，上記の学びを全体に広めていきたいと考え，第5時では，上記のプロトコルを全員にタブレットで配付した。そして，「話し合いⅠ」の実際の様子を動画で見せながら，なぜこの班の話し合いが深まっているのかを考えさせた。

C　みんなが具体例がわかりやすくて，安倍元総理とか，車とか，全部わかりやすいたとえをしていてよかったです。

教師　はい。知識や経験が豊富ですよね。この人たち。だから，たとえ話がわかりやすい。経験からの話がわかりやすいんですよね。

このように，さまざまなワザを駆使しながら互いの理由づけの質を高めていった「話し合いⅠ」の様子は，他の生徒にとってよいモデル教材となった。生徒たちは，「話し合いⅠ」の様子をもとに，相づちや具体例，質問や反論といったワザがうまく互いの理由づけを引き出し，話し合いを深めていくことを疑似体験することができた。

では，この学びは２回目の話し合いにどのように生かされていったのだろうか。２回目の話し合いは，班のメンバーを入れ替えて行った。次に分析するのは，５人中４人の自己評価が低かったグループの話し合い（以下，「話し合いⅡ」）である。

この班のメンバーの記述していた１回目の話し合いの振り返りと，第５時の話し合いの前に自分で立てた目標

生徒	１回目の話し合いの自己評価・振り返り	第５時の目標
E	今回の話し合いは最悪だったと思います。僕は司会を任されたけど班員の中で意見をたくさん引き出したり，活発なものに全くできてなかったからです。	積極的に発言し，積極的に発言させることを意識して，よりよい話し合いをする。
F	今日の話し合いはあまりうまくいきませんでした。自分たちの意見を言って終わって，○△を合わせるときもあまり根拠や理由を出さずに変えていたので次はもっと積極的に話し合えたらいいと思いました。	経験を意識してよりよい話し合いにする。
G	今回の話し合いはあまりうまくいきませんでした。時間内にうまくみんなの意見を合体させることができなかったからです。	時間を意識してよりよい話し合いにする。
H	今回の話し合いでは，あまりうまくいきませんでした。（中略）他の人の意見を深く聞き出すことが苦手で今回の話し合いでもできなかったので，次回は相手の意見を深く考えるをテーマに意識したいと思います。	「他の人の意見を深く聞き出す」を意識して，よりよい話し合いにする。
I	今日は話し合いをしました。今まで学んできたワザで比べたり，合体させたりすることができたと思います。	反応やたとえを出すことを意識する。

生徒Eは，１回目の話し合いで司会の役割に挑戦したものの，班員の意見をあまり引き出すことができずに終わってしまった生徒である。そのため，「積極的に発言し，発言させること」という目標を立てていた。一方，生徒Fは，前回の話し合いで根拠や理由をあまり掘り下げられなかった反省から，「経験を意識する」という目標を立てた。また，生徒G・H・Iは，それぞれ「時間を意識する」「他の人の意見を深く聞き出す」「反応やたとえを出す」という目標を立て，２回目の話し合いに臨んでいった。

以下に，この班が行った「話し合いⅡ」の後半部分を示す。

1E　えーと，じゃあ医者が△。教師，教師が×２人，△３人か。Ｉくんにもう一回聞いとくか。×の理由。俺，△にしたのが，（中略）あの心の面とかだったら絶対機械とかじゃ無理なんだって。

2他　うん。

3E　**学校って実際そういう道徳的な教育もしないといけないというふうになってるから，そういう面では人間は必要になってくる**(ア)。で，逆にものを教えたりするときって機械のほうが正確だし，間違えて教えることがないから，間違って覚えることもない。ってなったときに，やっぱり両方一緒におって共存していくみたいな感じが一番いいのかなと思って△にしたけど。**Ｉくんはどういうふうに思っているのかね**(イ)。

4I　えっと，AIだったら，**例えばＹ先生とかだったら**(ウ)，多分多分多分……

5E　多分。

6I　**多分僕たちの気持ちはわかってくれるかなと思って**(エ)。

7E　ああー。

8I　多分ね。多分。

9E　めっちゃ多分推すね。なるほど。これはどっちに合わせましょうか。でもこれも△になるのかな。

10G　うーん，いやでも私は，AIじゃない方がよいかなって普通に。教える面に関してもなんか，さっきの教える面は正確って言ってたけど，**なんか教えるのってなんか事務的に教えられても全然頭に残んないから，なんか先生が自分の経験とかをもとに話したから，なんか自分の中で「あ，こういうことなんだな」ってわかってくるから**(オ)。

11他　あー。

12G　そういうのをもとに，教えると。

13E　**今日のS先生のやつもそうか**(カ)。

14G　そうそうそう。

「話し合いⅡ」の様子

(イ)(ウ)(エ)は，それぞれの生徒が自分の目標を意識して話し合いを行っていると思われる部分であり，(ア)(オ)(カ)が，生徒の既有知識や生活経験をもとにした理由づけである。

司会をすることになった生徒Eは，１Eや３Eのように，自分で目標に書いた「積極的に発言し，積極的に発言させること」を意識して話し合いを進めていることがわかる。また，「たとえを出すこと」を目標としていた生徒Iも，「例えばY先生とかだったら，（４Ｉ）」のように，生活経験からの理由づけができていた。そして，この「話し合いⅡ」において最も他者を納得させたのは，生徒Gの「先生が自分の経験とかをもとに話したから，なんか自分の中で『あ，こういうことなんだな』ってわかってくる（10G）」という発言であった。この理由づけは非常に共感しやすいものであったため，13Eのように，他者の生活経験まで引き出していった。これにより，この班は最終的に「教師は×よりの△」という合意を導き出していた。

2回目の話し合いを終えた際の，５人の振り返り

生徒	２回目の話し合いの自己評価・振り返り
E	今回の話し合いはまあまあうまくいったと思う。今回は，班のメンバーを替えて改めて話し合いを行った。（中略）目標のように「自ら話し，自ら聞く」ことを意識して活発な話し合いにできたと思う。
F	今回は，前回に比べてとてもいい話し合いができました。自分では経験を出すことがあまりできなかったけど，Gさんとかが経験をもとに「先生の経験とかそういうのを聞きながらの方が頭に入る」と言っていたので，なるほどと思いました。
G	今回の話し合いはまあまあうまくいったと思います。時間内にうまくみんなの意見を合致させることができたからです。Eくんがいろんな人に話をふったり，質問をしたりと積極的に話を回してくれたのですごくやりやすかったです。
H	今回の話し合いは前回よりもうまくいったと思います。目標にしていた他の人の意見を深く聞き出すというのは自分ではあまりできなかったけど，司会のEくんを中心に一人ひとりの意見を深く聞いてくれたので，話し合いがよりスムーズに進んだ気がします。
I	今回は，うまくいったと思いました。反応はできたけどたとえを出してわかりやすく発表できませんでした。Eくんがいろんな人に平等にあててとても発表がしやすかったし，ワザの「合体」をつかえるように次も頑張りたいです。

話し合いを終えて，５人全員が自分たちの話し合いについて「うまくいった」と自己評価をしていた。話し合いの学習で生徒たちがワザを獲得していくためには，このような「うまくいった」という実感は非常に重要である。

5　授業を振り返って

「生徒の既有知識や生活経験に基づいた具体的な理由づけ」を引き出すための具体的な手立てとして，本実践からは以下の４点が見出された。

①第０次における既習の学習内容の掘り起こし
②合意形成に向けて生徒が夢中になって話し合える題材の選定
③映像資料と文字資料を用いた『うまくいった話し合い』の共有
④話し合いの『見通し→実践→振り返り→次の見通し』というサイクル

まず，「①第０次における既習の学習内容の掘り起こし」について。本実践では，２つの練習課題を用いて話し合い活動を行わせた。これにより，既習の「話し合いのワザ」を生徒が自然と思い出すことができ，メインの話し合いにおいてもそれらを意識して使うことができていた。

次に，「②合意形成に向けて生徒が夢中になって話し合える題材の選定」について。今回使用した「これからの人工知能の開発と利用のあり方」という題材は，社会生活に関わるものでありながら，生徒の知識や経験をもとにこれからの未来を類推することのできる内容であった。そのため，具体的な理由づけが豊富に引き出されていったのが成果である。

そして，「③映像資料と文字資料を用いた『うまくいった話し合い』の共有」について。話し合いを丸ごと文字化してプロトコルを生徒に提示するのは大変な作業ではあったが，それだけの効果がある手立てだったと思う。一度話し合いを行った後にモデルの動画を見たことで，自然と自分たちの話し合いと比較して視聴する生徒が多かった。

最後に，「④話し合いの『見通し→実践→振り返り→次の見通し』というサイクル」について。今回使用した振り返りシートは，毎時間の「見通し」と「振り返り」を記述する仕組みになっている。これを毎回書かせていることが，生徒に「ワザ」への着目を促していったのだと考える。

実践の反省点として，生徒が自分の考えを吟味し直す場がもう少し必要だったと感じている。「話し合いⅠ」の後にもう一度根拠となる本文を読み直したり，人工知能についての調べ学習を行ったりするなどしておけば，さらなる話し合いの深まりがあったのではないかと考えている。今後の実践の課題としていきたい。

【引用・参考文献】

上山伸幸（2021）『小学校国語科における話し合い学習指導論の構築―メタ認知を促す授業とカリキュラムの開発をめざして―』溪水社

鶴田清司（2020）『教科の本質をふまえたコンピテンシー・ベースの国語科授業づくり』明治図書

文部科学省（2018）『中学校学習指導要領（平成29年告示）解説　国語編』東洋館出版社

山元悦子（2016）『発達モデルに依拠した言語コミュニケーション能力育成のための実践開発と評価』溪水社

（岩下嘉邦）

この授業のポイント

岩下嘉邦先生は，日頃から，“相手の意見に簡単に納得するのではなく，質問や反論をしながら理由づけの質を高めていく学習”を目指して実践に取り組んでいる。本報告でも述べているように，「自分の意見を積極的に発表する生徒と消極的な生徒がはっきり分かれており，一部の生徒だけで話し合いが進んでいくことも多い」という問題意識は十分に理解できる。小・中学校の教室では，一部の生徒の発言が十分に吟味されることなく，そのまま班全体の結論となってしまうという光景がよく見られるからである。

本実践でもそうした問題を乗り越えるべく，１年生，２年生の学びの中で生徒とともに積み上げてきた「話し合いのワザ」（①主張・根拠・理由，②質問，③反論……⑦合体）や「説得のワザ」（①根拠を増やす，②比べる，③経験をもとにする，④仮定する，⑤目的を意識する……）を活用している。私が主張する「生徒の既有知識・生活経験に基づいた具体的な理由づけ」（類推も含む）も意識して指導にあたっていることが窺える。

また，本授業では，そうしたワザを駆使しながら理由づけの質を高めていった「話し合いⅠ」の事例が，他の生徒にとって「よいモデル教材」となっている。岩下先生によれば，「生徒たちは，『話し合いⅠ』の様子をもとに，相づちや具体例，質問や反論といったワザがうまく互いの理由づけを引き出し，話し合いを深めていくことを疑似体験することができた」という。そのうえで，２回目の話し合いが班のメンバーを入れ替えて行われた。そこにはモデル教材による学びの成果が表れている。

実際，１回目の話し合いで５人中４人の自己評価が低かったグループの話し合い（話し合いⅡ）において，学校でAIが教えることをめぐって，生徒から次のような発言が出ている。

「うーん，いやでも私は，AIじゃない方がよいかなって普通に。教える面に関してもなんか，さっきの教える面は正確って言ってたけど，なんか教えるのってなんか事務的に教えられても全然頭に残んないから，なんか先生が自分の経験とかをもとに話したから，なんか自分の中で『あ，こういうことなんだな』ってわかってくるから」

生徒の生活経験に基づいた理由づけである。説得力があったせいか，他の生徒も「あー」と同調している。こうした議論が（反論も含めて）もっと行われていくようにしたい。

最後に，「これからの人工知能の開発や利用をどのように進めていくべきか」というテーマについて考えてみたい。それは合意形成のための話し合いの題材として適切かという問題である。

現在，急速に発展している人工知能の開発や利用については，さまざまな意見がある。例えば「ChatGPT」や「Bard」なと対話型 AI が普及しつつあるが，その導入・利用に積極的な自治体もあれば消極的な自治体もある。まだまだ混沌としている状況である。そのような中で，本報告では省略されているが，「話し合いⅠ」において班の意見は「積極的に進めるべきになりました」と十分な根拠・理由が示されないままに合意形成を図っているのが気になる。慎重派のＤさんが「変わりました」と理由も述べないまま発言したのを受けて，「全会一致ですね」とあっさりまとめているのも気になる。もっと根拠となる事実・データを集めて，分析していくこと，そして，もっと慎重に議論することが必要である。例えば，教材文の「人間と人工知能と創造性」（松原仁）に述べてあるように，AI が書いた小説は本当に「あまりおもしろくない」のか，実際の作品を読んでみて，それを根拠として判断していくことが必要である。私自身，最近のテレビ番組で AI 制作の小説や楽曲が紹介されたとき，なんの感興も覚えなかった。まだまだ「おもしろいとはどういうことか」という「評価」の面では，筆者も言うとおり，AI は課題を残しているようである。こうした生徒の AI 体験がもっと「根拠＋理由づけ」に生かされるべきである。そうすることによって，本テーマについて〈わがこと〉としてより具体的に考え，説得力のある発表をすることができるだろう。

（鶴田清司）

第10節

物語を読もう—考えを聞き合うことを通して—

■「山ねこ，おことわり」（特別支援学校高等部１年）

1　学習材の内容

本単元は，知的障害特別支援学校高等部１年生４名（男子２名，女子２名）で取り組んだ授業の実践である。他者の思いや考えを聞き合ったり，自分の気持ちを伝え合ったりすることが苦手であるという生徒の実態を踏まえ，物語を読んで思ったことや考えたことを伝え合う力を育てることを中心的な目標とした。そのために，本文の叙述や自らの生活経験をもとに場面の様子や人物の気持ち，性格を考えること，また，一人ひとりの解釈に違いがあることに気づき，自分の解釈に生かそうとすることも目標として設定した。

学習を進めるにあたっては，生徒の生活年齢や経験，学習上の特性，知的障害の状態等を考慮し，1学校生活を題材にした物語を書く2書いた物語を読み合う3「山ねこ，おことわり」（あまんきみこ）を読む，という３つの段階的な学習内容を設定することとした。

まず，生活に結びついた具体的な内容を題材にした物語を書いたり読んだりする活動を導入として学習を進めることで，より主体的に学習に取り組むことを意図した。物語を通して描かれた，生徒それぞれの思いや考え，経験を，みんなで共有することは，学習の場が，自分の考えが受容される場であると実感し，互いを認め合うことにつながると考えた。

具体的には，①はじまり②出来事が起こる③出来事が解決する④むすび（出来事の結果どうなったか）という構成に沿って，①学校を舞台にする②自分を登場させる③会話を入れる④大事な場面は登場人物の気持ちが読者によく伝わるように様子を詳しく書くという４つの項目に沿って，物語を書く活動に取り組んだ。物語を書くことを通して，段落構成や登場人物の行動や会話，情景など，読むときに着目したいことがらに意識を向けさせたいと考えた。

次に，生徒が書いたそれぞれの物語を順番に取り上げて読み合い，登場人物の気持ちや性格を捉える活動を行った。その際，生徒の生活経験を教師が引き出しながら，互いの考えを交流させ，共感したり異なる考えを認め合ったりすることができるよう考慮した。対話を通してさまざまな考えを知る面白さを感じるきっかけにしてほしいと考えたからである。

最後に，高等部という生徒の生活年齢を考慮し，より共感的に読むことができる作品として「山ねこ，おことわり」を選定した。この物語に描かれている登場人物の心情や登場人物同士の心の交流は，生徒自身が日々感じてきた思いや願いに通じるものがある。物語を通して，自分自身の経験や気持ちに心を向けるきっかけとしたい（教育内容）。

また，生徒はこれまでに「白いぼうし」（あまんきみこ）を学習した経験がある。登場人物への親しみがあり，物語の学習の導入として適しているのではないかと考えた。「山ねこ，おことわり」は，秋の色彩豊かな中をタクシーが走る様子や，運転手と山ねことの会話など，情景や心情の一つひとつを修飾語などを使って具体的に示している。また，山ねことの会話や山ねこの言動から，運転手の気持ちが変化していく様子が描かれている。物語のもつドラマ性や描写は，生徒の心を引きつけるものである（教材内容）。

本単元では，会話文，修飾語など中心となる語句に着目しながら読むことで，情景や場面の様子，登場人物の心情や変化を想像することを目標にしている。その際，一人ひとりの感じ方や解釈に違いがあることに気づき，自分と異なる考えを受け止めたり自分の解釈に生かそうとしたりすることができるよう，生徒自身の生活経験を引き出し，それらを手掛かりとしながら登場人物の心情や情景を捉えることができるようにしたい（教科内容）。

2　単元の目標

先に示した単元の目標を達成するために，物語の言葉を通して，生徒自身の生活経験を引き出していきたい。生徒の実態を踏まえ，次のような学習内容の設定や手だてを試みた。

①共感できる題材の選定

学習材の内容で示したように，生徒の実態や学習上の特性を踏まえ，より共感的に取り組める題材を設定し生徒の生活経験を引き出せるようにした。

②聞き合う土台をつくる

自分の思いや考えを表現し合う経験の少なさから，どの生徒も，関わりが一方的になってしまったり，自分から話すことに苦手さを感じていたりする。生徒の生活経験を引き出すために，友達の考えを聞こうとする姿勢や発言しようと思える環境をつくりたいと考えた。他者の異なる考えを受け止めるには，まず自分の考えが受容される必要がある。教師が一人ひとりの経験や考えを肯定し，面白がることを大切にし，いろいろな考えがあってよいことを折に触れて伝えた。

③場面ごと順番に本文を提示する

物語の全体を通して読むと，おおよそのあらすじだけを理解して満足し，考えたり，想像したり，本文に細かく着目したりすることにつながりにくくなることが予想された。そこで一読総合法のように，全文を見せず場面ごとに立ち止まって読むことで注目すべき部分が明確になるようにした。

④本文から読み取ったことを絵で表現させる

やりとりの中で生活経験をすぐに言葉にすることが難しい場面がある。直接的に生活経験を聞くだけでなく，本文から読み取ったことを絵にすることを糸口に，生徒が捉えた根拠（本文の言葉）や理由（既有知識や生活経験）を言葉にして表現させる学習を組み込んだ。「どうしてそう思ったのか？」「どこを読んでそう思ったのか？」というやりとりを通して，生徒の生活経験を浮かび上がらせたい。

⑤物語の最後の場面を想像して書かせる

生徒が捉えた根拠（本文中の語句・文）や理由（自分の生活経験や立場に基づく解釈）をもとに物語の結末を想像することで，自分が松井さんだったらどうするかを柔軟に考えられるようにした。直接的に考えを聞くよりも面白さや自由度があり，対話につながりやすいのではないかと考えた。

⑥自分はこの物語の登場人物の誰に似ていると思うか，その根拠や理由を書かせる

部分的に読み進めてきた物語の全体にあらためて視点を向けるために，全体を通して心に残った場面を考えさせることを意図した。より共感的に考えることで自身の生活経験を引き出し，それをもとに他者と交流が生まれるよう，自分に似ているという視点に絞って考えさせた。

3　指導計画

1　物語を書こう

・構成に基づいて内容を考える。（1時間）

・項目に沿って物語を書く。（1時間）

2　物語を読み合おう

生徒の書いた物語を読む。気持ちや様子を表した語句に着目しながら，登場人物の思いや性格を考える。

・生徒Aの物語を読む。（1時間）

・生徒Bの物語を読む。（1時間）

・生徒Cの物語を読む。（1時間）

・生徒Dの物語を読む。（1時間）

3　「山ねこ，おことわり」を読もう

・冒頭の場面（秋の情景や人物の様子が詳しく書かれている場面）を読み取り，場面の様子を絵に描き表す。（1時間）

・タクシーにお客の若い男を乗せて走る場面を読み取る。（1時間）

・若い男が山ねこになった場面を読み取る。（1時間）

・松井さんが山ねこを送ることを決心した場面を読み取り，場面の様子を絵に描き表す。（1時間）

・山ねこ先生を病院まで送る場面を読み取る。（1時間）
・最後の場面（山ねこ先生が「山ねこ，おことわり」と書いた紙を渡した後の場面）を予想して，物語の続きを書く。（1時間）
・松井さんが「山ねこ，おことわり」と書かれた紙をやぶってみせた場面を読み取る。（1時間）
・自分はこの物語の登場人物の誰に似ていると思うかを考え，その根拠や理由を書く。（1時間）

4　授業の実際

聞き合う土台をつくる

物語の学習の導入として取り組んだ「物語を書こう」での生徒の作品

C作

Cは絵をかくのが好きで、いつも休み時間に絵をかいています。

ある日、Cが休み時間に、教室ですみっこぐらしの絵をかいていると、とつぜん紙がとんでいきました。どこかにとんでいって、分からなくなってしまいました。Cはどこをさがしたらいいのかこまってしまいました。

「紙が見つかったよ。」とAが言いました。Cは「さがしてくれてありがとう。」と言って、笑顔でうけとりました。

次の日の休み時間に、Aに声をかけて、いっしょに教室で絵をかいて楽しみました。

＊生徒の特性を踏まえ，読みやすいように打ち込んだものを使用した。

Cの物語を読んで

生徒・教師の発言	着目した語句
教師　どうして突然とんでいってしまったんだろう！ A　風でもふいたんでしょうか。 **教師**　なるほど！ B　誰かがもっていったかもしれないね！ **教師**　おお，また違う考えだね。 A　でも，とんでいってってあるから，違うかもね。 **教師**　なるほど，そう書いてあるもんね。	・とつぜん紙がとんでいきました。
A　僕はちょっとこういうことがあったらイライラしてしまうかもしれない。 **教師**　確かに，ものが見つからないときってイライラもするよね。Bさんはそんなときどう？ B　喪失感。やる気が起きないですね。	・こまってしまいました。
教師　どんな気持ちで言ったと思う？ D　嬉しい気持ち。 **教師**　Dさんはどんなときにありがとうって言うの？ D　Eちゃんが，プリントがわからなくて困ったときに助けてくれたとき。 **教師**　Bさんは，どんな気持ちで言ったと思う？ B　いろんな人に助けられて今があるんで，それはそれはとても嬉しい気持ちですよ。 **教師**　Aさんは，誰かに助けられた経験ってある？ A　中学校のときの男友達がいるんですけど，いつも寄り添ってくれて面白がってくれたり教えてくれたりして，そんな気持ちですかね。 **教師**　寄り添ってくれたって気持ちいいね。	・「さがしてくれてありがとう」
教師　どんな気持ちで声をかけたんだと思う？	・声をかけて

A　僕の場合，一緒に遊びませんか？　っていうお礼の気持ちだと思います。C さんをちょっと尊敬する気持ちがあって，僕だったら，これは勇気がいりますね。 **教師**　確かに！　自分から声をかけて伝えるって勇気がいるよね。D さんは自分から友達に声をかけるときってどんなとき？ D　もっと，その子と関わりたいなあってときかなあ。 A　もっと寄り添いたいなあ，って感じですかね。 B　僕は，一緒に遊ぼうぜってノリかな。	

初めの頃は，それぞれが自分の意見を主張することが多かったが，友達が発言しようと考えているのを待つ，教師を仲介して友達の発言を受けた発言をしようとする，なるほどと感嘆する，友達に聞き返して言いたいことを確認しようとするなど，聞き合いの姿勢が見えてきた。「今日は女子がすごく笑ってくれて嬉しい」など，集団内でのやりとりも増えた。

本文から読み取ったことを絵で表現させる

「山ねこ，おことわり」の冒頭の場面を読んで絵に表す活動

【A の絵を見てのやりとり】

教師　どんな様子を描いたの？

A　葉っぱが散っている感じですね。

教師　どこを読んでそう思ったの？

A　青い葉が黄色くなったって書いてあるから，散っているんじゃないかなと思いますね。

【C の絵を見てのやりとり】

教師　どんな様子を描いたの？

C　イチョウがあって，ちょっと風が吹いている感じを描きました。

教師　風が吹いているんだね。どこを読んでそう思ったの？

C　「秋になりました」って書いてあるから，少し風が吹いていると思いました。

A の絵

【D の絵を見てのやりとり】

教師　松井さんはこんな表情をしているんだね。どんな人だと思ったの？

D　優しくて，丁寧な人？

教師　どこを読んでそう思ったの！

D　ここ？（若い男の人とのやりとりの部分を指さす）

C の絵

D の絵

【絵を見合っての生徒のやりとり】

生徒や教師の発言	着目した語句
A　Cさんと僕はイチョウが落ちているところが一緒ですね。 教師　Cさんはどこを読んでそう思ったんだっけ？	
C　私は，「秋になりました」っていうところで，風が吹いてイチョウが落ちていると思いました。	・秋になりました。
A　僕の場合は，「青あおとしていた」のが「きいろ」になったってことは，イチョウが落ちているんじゃないかと思ったってことですね。	・あんなに青あおとしていた並木の葉も，いつのまにか，きいろに色づいています。

松井さんが山ねこを送ることを決心した場面を読んで絵に表す活動

【Aの絵を見てのやりとり】

教師　松井さんが「決心」したときのようすを教えて。

A　意思疎通ができるんだな，にゃあにゃあ言っているわけではないんだなっていう。

Aの絵

教師　どこを読んでそう思ったの？

A「母が病気」っていうところ。

教師　どうしてそう思ったの？

A　病気になった人がいて，急ぐのはねこも人間も動物も同じじゃないかっていうことですよね。

教師　「母が病気」っていうところが「決心」につながったんだね。誰かが病気と聞いて，なんとかしなきゃって思ったことってある？

D　友達が，頭が痛いって言っていて，先生に相談した。下を向いて苦しそうだったから。

教師　どうして相談しようと思ったの？

D　心配。相手が，不安だろうなって思ったから。

教師　相手が山ねこでも，松井さんもそういう気持ちだったかもしれないね。

【Bの絵を見てのやりとり】

教師　どんな様子を描いたの？

B　なかなか決心がつかなくて，行くべきか，行かないべきか迷っているところです。

教師　どこを読んで迷ってるって思ったの？

B　「ぱちぱちまばたきをして，自分の頭を三度たたいてみた」ところ。ここで送らないと人間がくさっちまうと。

教師　どうしてそんなふうに思ったんだろう。

B　「母が病気」でってところです。

Bの絵

Dの絵

【Dの絵を見てのやりとり】

教師　どんな様子を描いたの？

D　迷っているところ。

教師　どこを読んで迷ってるって思ったの？

D「送ってやろうかな」のところ。

教師　みんなも何かを決めるのに迷った経験ってある？

A　進路を決めるときですね。僕の場合中学校だったんですけど，こちらにはこんなメリット，デメリットがある，こっちにはこんなメリット，デメリットがある，と悩んだっていうことですね。

C　私は，買い物に行ったときに，どっちにしようかなってよく迷います。

物語の最後の場面を想像して書かせる

【Aの考えた物語の最後の場面を読んでのやりとり】

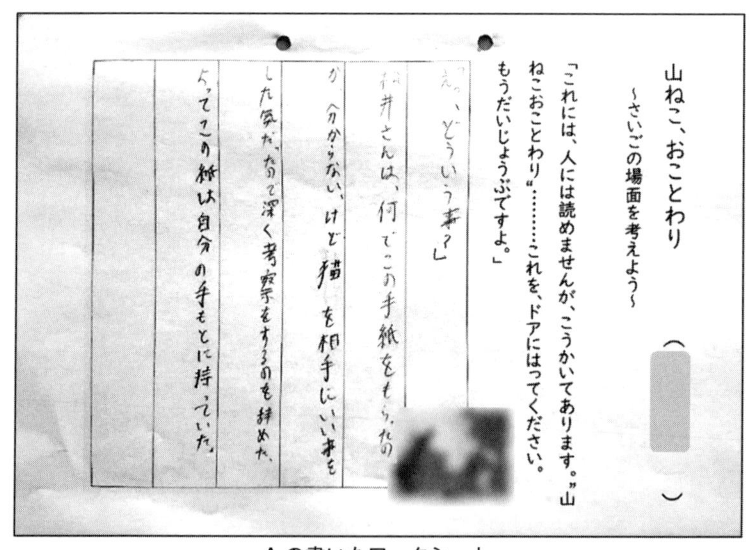

Aの書いたワークシート

A　動物だからいいことをしようみたいなことではなくて，ねこが，こんなに困ってるんですよって助けを求めてたから。助けを求めてたら，誰々おことわりって，レッテルで貼らないじゃないですか。したがって僕は，これを貼る意味がわからない，みたいな感じで（考えました)。

教師　なるほど，助けを求めている相手に，おことわりとは言わないよね。おことわりのレッテルを貼っちゃうときってある？

D　もうまさにB。

A　Dちゃんは，もうBおことわりってこと？

B　（おことわりと書いた紙を実際に渡して）これ貼っといて。

D　また（しつこくちょっかいを出すことを）するかもしれないし，もうしないかもしれないし，どっちも気持ちはあるから，（貼るか）迷ってる。

【最後の場面を読み合っての生徒のやりとり】

教師　友達の話を聞いてみてどうだった？

C　みんなのを聞いて，自分も紙にばってんをするのがいいなと思いました。

A　Bさん，Cさんどちらの意見にも同感で，（おことわりの紙を）貼っても貼らなくてもどっちでもいいと思ってて，「山ねこ，おことわり」って，なんかねこに対しての差別みたいな感じで。Dちゃんはどうですか？

D　（おことわりの紙を）しまっておくのもいいけど，直接言ったり，渡したりするのもいいかなって。

絵に描く，物語の続きを書くといった，間接的に生徒の生活経験を引き出す手だては，普段やりとりの中では言葉につまることのある生徒も積極的に取り組んでいた様子から，生徒の内的対話の時間を保障することにつながることがわかった。交流の場面では，教師の介入なしに生徒同士でやりとりする姿も見られたことから，他者との主体的な対話を促しやすかったのではないかと思われる。

また，想像力が先行し，本文のおよその内容だけを捉えがちな生徒も，必然的に本文に着目でき，根拠を明確にしながら考えることができた。

自分は物語の登場人物の誰に似ていると思うか，根拠や理由を書かせる

自分は登場人物の誰に似ていると思うかの交流では，友達の考えに対して，気持ちに寄り添ったり後押ししたりするコメントが書かれた（次頁のワークシート左端）。登場人物を通して自分の生活経験を振り返ったり友達の生活経験を知ったりすることが，物語の情景や登場人物の心情を深めるだけでなく，自分や他者の心情に気づくことにもつながることがわかった。

5　授業を振り返って

生徒は，無意識のうちに何かしらの既有知識や生活経験をもとに，感じ，考えながら物語を読んでいるはずである。それを顕在化させ，子どもに意識させる手だての工夫が必要であることがわかった。今後は，やりとりの中で生徒が無意識に答えている根拠や理由を意識的なものにし，生徒がコミュニケーションの中で活用していけるようにしていきたい。

生活経験をもとに自分事として考えたり，さまざまな対象や他者と対話したりすることは，高等部の生徒が卒業後に社会生活を営むうえでまさに必要なコミュニケーションの力そのものであると感じる。そうした学習活動の積み重ねが，高等部国語科の目標でもある「筋道立てて考える力」「豊かに感じたり想像したりする力」「社会生活における人との関わりの中で伝え合う力を高め，自分の思いや考えをまとめることができるようにする」ことにつながるのであるとあらためて学ぶことができた。

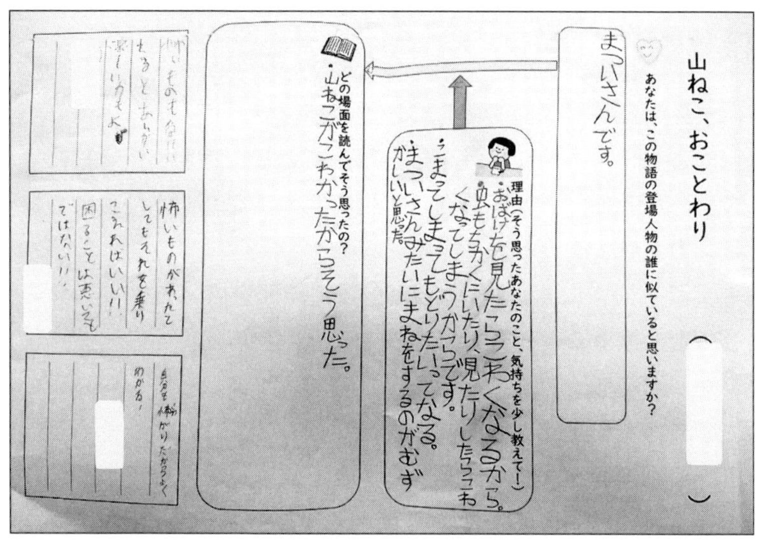

Aの書いたワークシート

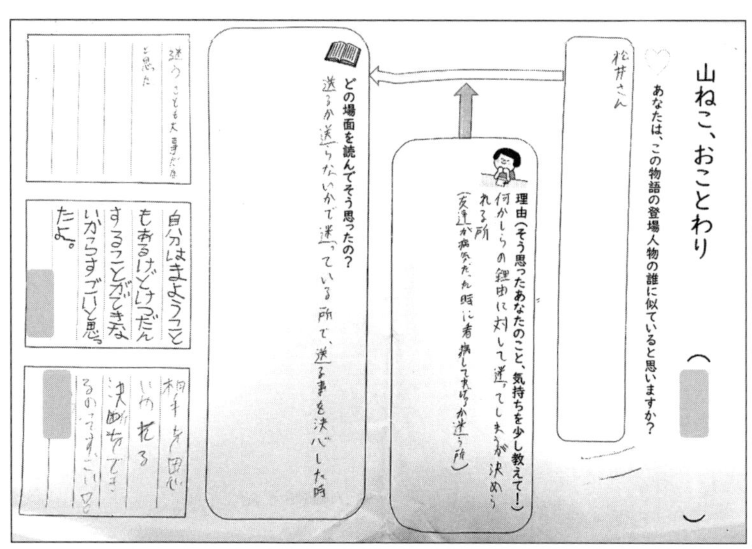

Bの書いたワークシート

（武井明子）

この授業のポイント

武井明子先生は毎月１回開催している「都留ことばの会」のメンバーであり，毎回のように精力的な実践報告を行っている。特別支援学校高等部の教諭として，一貫して，ことばを通して生徒間のつながりや社会的なコミュニケーション力を育てようとしている。

今回の実践も同様に，「他者の思いや考えを聞き合ったり，自分の気持ちを伝え合ったりすることが苦手であるという生徒の実態を踏まえ，物語を読んで思ったことや考えたことを伝え合う力を育てること」をねらいとして構想したものである。定評のある文学作品を読み合うだけでなく，その前段階として自分が創作した物語も読み合うことを組み込んでいる点が大きな特徴となっている。武井先生によれば，導入として「聞き合う土台をつくる」ことを意図したようであるが，実際にやってみると，最初は自分の意見を主張することが多かったが，だんだん「友達が発言しようと考えているのを待つ，教師を仲介して友達の発言を受けた発言をしようとする，なるほどと感嘆する，友達に聞き返して言いたいことを確認しようとするなど，聞き合いの姿勢が見えてきた」という。既成の作品ではなく，自分たちが書いた物語を読んだことによって，物語世界をより身近に感じて，当事者意識が高まり，「集団内でのやりとり」が増えたのであろう。「自分だったらどうか」「同じような経験があるか」といった教師の助言も有効であった。「さがしてくれてありがとう」というせりふをめぐる次のやりとりがその好例である。

教師　Ｄさんはどんなときにありがとうって言うの？
D　Ｅちゃんが，プリントがわからなくて困ったときに助けてくれたとき。
教師　Ｂさんは，どんな気持ちで言ったと思う？
B　いろんな人に助けられて今があるんで，それはそれはとても嬉しい気持ちですよ。
教師　Ａさんは，誰かに助けられた経験ってある？

A　中学校のときの男友達がいるんですけど，いつも寄り添ってくれて面白がってくれたり教えてくれたりして，そんな気持ちですかね。

また，この他にも，学習活動の中に友達と意見交流する場面が多く取り入れられている。友達の描いた絵を見ての交流，最後の場面を予想しての交流など学習に変化をつけながら，手を替え品を替え，聞き合う活動，語り合う活動を仕組んでいる。

「自分はこの物語の登場人物の誰に似ていると思うか」という最後の学習課題は大変効果的であった。他人事ではなく，〈わがこと〉として読むことを促している。そこに自分の生活経験が引き出されてくるので，他の生徒にとっても実感的に理解したり，深く共感したりすることができる。また，ワークシートにもさまざまな工夫が見られる。「根拠・理由・主張の３点セット」の形式で短く簡潔に書けるようにしたこと，左端に友達のコメント欄を設けて交流しやすくしたことなどである。

ある生徒は「送るか送らないかで迷っている所で，送る事を決心した時」の場面を根拠にして，自分も「迷うけど（最終的には）決められる」という理由で，「松井さん」に似ていると書いている。また，別の生徒は「松井さん」が山ねこを怖いと思うところが，自分も「おばけ」や「虫」が怖がるという点で似ていると述べている。それを読んだ他の生徒も，「自分はまようこともあるけど，けつだんすることができないからすごいと思ったよ」「怖いものがあったとしてもそれを乗りこえればいい!!」とコメントしている。

武井先生も述べているように，「登場人物を通して自分の生活経験を振り返ったり友達の生活経験を知ったりすることが，物語の情景や登場人物の心情を深めるだけでなく，自分や他者の心情に気づくことにもつながる」ということは本実践の大きな成果である。結果的に，形式的な話し合いではなく，そうした切実な題材やテーマで話し合うことがコミュニケーション能力，さらには人間関係スキルの育成につながっていくのである。

（鶴田清司）

あとがき

「根拠・理由・主張の３点セット」は少しずつ学校現場で広がっている。その有効性が授業を通して多くの教師によって認識されてきたからだろう。本書は，その本領をさらに発揮させて，理由づけの質をさらに高めるための授業デザインについて提案している。

よく「理論と実践の統合」ということが言われるが，そんなに簡単なことではない。「理論」を一方的に「実践」に適用するだけのものであったり，「実践」を「理論」によって権威づけたりするというケースが少なくない。そのような中で，「根拠・理由・主張の３点セット」は，単に「トゥルミン・モデル」（三角ロジック）をそのまま授業方法に取り入れたものではないし，現場の実践を「トゥルミン・モデル」によって説明したものでもない。「トゥルミン・モデル」（三角ロジック）をふまえつつも，それを「よい授業」あるいは「主体的・対話的で深い学び」となるように翻案したのが「根拠・理由・主張の３点セット」である。

「まえがき」でも述べたように，「自分の既有知識や生活経験などに基づいてテキスト（文字テキスト・談話テキスト）を解釈することによって，学びの対象となる世界を〈わがこと〉として考え，他者（教師や他の子どもたち）との対話・交流を通して認識を深め，既有知識の再構成，新たな知識の生成に向かうような知識活用・知識創造型の学び」を生み出すために，「根拠・理由・主張の３点セット」が非常に有効であるということを多くの授業に立ち会うことによって痛感してきた。それをより多くの教師に知ってもらいたいという思いで本書を企画したのである。

なぜ「根拠・理由・主張の３点セット」が全国の教室に広がったのだろうか。それは単に「三角ロジック」を授業に適用したからではない。昔から多くの教師たちが，暗黙的な実践的知識（実践知）として，授業づくりにおいて子どもの発言や記述に「根拠」や「理由」を求めてきたからである。「どこからわかるの？」「なぜそう言えるの？」「もう少し詳しく説明してくれる？」という発問が重要だと考えてきたからである。「根拠・理由・主張の３点セット」はそうした実践知と結びついたのである。「自分もなんとなくこういうやり方をしてきたなあ」「自分が授業に求めてきたものはこれだったんだ」という教師の声を聞くことがある。「理論」が何か特別なもの，自分とは関係ないものという意識や感覚が少ないのである。松下佳代（2021）も述べているように，私が「根拠」「理由」という一般的な用語にしたこともその一因となっている。こうした理論（研究者）と実践（実践者）の出会いを通して，実践の質が高まり，理論も精緻化されていく。これがまさに「理論と実践の統合」ということなのだろう。

「いい授業だったな，面白い授業だったな」と思える授業には，必ず子どもたちの既有知識や生活経験が引き出されて，〈わがこと〉として考え，自分の言葉で語り合う，聴き合うという場面がある。それによって他者の考えに学び，新しい考えをみんなの力で創り出していくという学びの楽しさがある。本書に収録した実践はそれを目指しているが，その成否は読者各位のご判断に委ねることにしたい。

なお第１章には，拙著『教科の本質をふまえたコンピテンシー・ベースの国語科授業づくり』（2020年，明治図書）の一部と重なる記述がある。ご了解いただきたい。

最後に，本書の出版にあたって格段のご配慮を賜った明治図書出版編集部の木山麻衣子氏に厚く御礼申し上げたい。

2023年９月

編著者代表　鶴田清司

【編著者紹介】

鶴田　清司（つるだ　せいじ）

都留文科大学名誉教授

河野　順子（かわの　じゅんこ）

元白百合女子大学教授

【執筆者紹介】＊執筆順，所属は2023年４月現在

原之園翔吾　鹿児島県奄美市立伊津部小学校
馬原　大介　熊本県熊本市立五福小学校
田邉　友弥　熊本県熊本市立月出小学校
野中　太一　暁星小学校
雨宮　怜奈　山梨県山梨市立後屋敷小学校
結城しのぶ　啓明学園初等学校
京野　真樹　秋田大学教育文化学部附属小学校
辻村　重子　京都府京田辺市立大住中学校
岩下　嘉邦　熊本大学教育学部附属中学校
武井　明子　山梨県わかば特別支援学校高等部

国語教育選書

論理的思考力・表現力を育てる
「根拠・理由・主張の３点セット」を活用した
国語授業づくり

2023年10月初版第１刷刊　©編著者　鶴　田　清　司
河　野　順　子
発行者　藤　原　光　政
発行所　明治図書出版株式会社
http://www.meijitosho.co.jp
（企画）木山麻衣子（校正）丹治梨奈
〒114-0023　東京都北区滝野川7-46-1
振替00160-5-151318　電話03（5907）6702
ご注文窓口　電話03（5907）6668

＊検印省略　組版所　広　研　印　刷　株　式　会　社

Printed in Japan　ISBN978-4-18-216839-0